Pflanzen- und Tierwelt
im Wattenmeer

Jürgen Newig/Hans Theede (Hrsg.)

Edition Ellert & Richter

Inhalt

Priele durchziehen in weiten Schlangenlinien die Wattebenen. Strömung und Wellen hinterlassen ihre Spuren, die Rippelmarken.

Das Watt: einzigartiger Lebensraum zwischen Ebbe und Flut
Hans Theede

Soweit das Auge reicht, liegen dem Betrachter, der sich über den Seedeich hinaus vorwagt, bei Niedrigwasser die ausgedehnten Wattebenen zu Füßen. Durchzogen sind sie nur von sich verästelnden, schlängelnden Wasserläufen. Dieser amphibische Lebensraum ist einmalig auf der Welt. Das verdankt er dem Zusammenwirken besonderer Umstände: der geringen Neigung des Bodens zur offenen See, dem durchschnittlichen Tidenhub von zwei Metern und mehr, dem Brandungsschutz durch vorgelagerte Sandbänke, Strandwälle oder Inseln, der Zufuhr von Tonmineralien und Nährstoffen aus den Flüssen oder dem Meer und dem gemäßigten Klima.

Von der Salzwiese zur Verlandungszone

Seewärts am Fuße des Deiches erstrecken sich hier und da begrünte Flächen, die Salzwiesen, die nur etwa 2,5 Prozent des gesamten Watts ausmachen. Sie sind von einem Netz tiefer Entwässerungsgräben durchzogen. In ihnen findet man Quellerpflanzen (Salicornia europaea) und die Salzsode (Suaeda maritima), von deren Salzgeschmack man sich überzeugen kann, wenn man kleine Stückchen zerkaut. Normalerweise sind diese Pflanzen weiter seewärts in dem vorgelagerten Verlandungsgürtel zu entdecken, bis zu dem das mittlere Hochwasser reicht; die eigentlichen Salzwiesen liegen darüber.
Der niedrig gelegene Bereich der Wiesen wird etwa 400mal im Jahr überflutet. Hier kann sich viel Feinsediment zwischen den Pflanzen ablagern und diese kräftig düngen. Das kurze Andelgras (Puccinellia maritima) sowie Strandflieder (Limonium vulgare) und Strandaster (Aster tripolium) mit ihrem kräftigen Wurzelwerk festigen den

Parallel angelegte Gräben (Grüppen) verleihen dem beweideten Halligvor-
land Beetstruktur. In der Mitte der etwas erhöhten Beete finden sich Rotschwingel, an den Rändern überwiegt das Andelgras.

Boden und schützen ihn vor Abtrag. Die höher gelegene Zone des Rotschwingelrasens (Festuca rubra) wird nur bei Sturmfluten vom Meerwasser erreicht. Im Sommer sticht sie durch einen rötlichvioletten Hauch des blühenden Grases dem Wanderer sofort ins Auge.

Die Salzwiese ist ein sehr produktiver Lebensraum. Daran haben die Blütenpflanzen den größten Anteil. Hier zeigt sich auch die höchste Artenvielfalt. Viele Vögel finden in diesem Bereich Nahrung und geeignete Brutplätze. Austernfischer, Säbelschnäbler, Fluß- und Küstenseeschwalbe wünschen beim Brutgeschäft gute Übersicht, während Rotschenkel, Uferschnepfe und Lachmöwe bedeckte Standorte bevorzugen. Auch zahlreiche Insektenarten sind in Salzwiesen zu beobachten, von denen ein großer Teil auf ganz bestimmte Pflanzen angewiesen ist, wie beispielsweise der Rüsselkäfer auf den Strandflieder. Manche Insekten halten sich bei Überflutung im Schutze ihrer Wohnbauten oder in abgestorbenen, hohlen Pflanzenstengeln auf. Die Vielfalt des Lebens in diesem Raum wird aber infolge übermäßigen Beweidens durch Schafe ganz erheblich eingeschränkt.

Der vorgelagerte Verlandungsgürtel mit tief wurzelndem Queller und Schlickgras (Spartina anglica) wird bei Hochwasser immer nur kurzfristig überflutet. Wegen der geringen Strömungsgeschwindigkeit des Wassers können sich hier sehr feine Wattsedimente absetzen, bei denen der organische Anteil aus zerriebenen Tier- und Pflanzenresten sehr hoch ist. Meist schließt sich dann direkt das Schlickwatt an. Dort kann man beim Wandern knie- oder beintief einsinken.

Weiter draußen, wo bei stärkeren Strömungen die Transportenergie des Wassers zunimmt, werden

Den dickfleischigen, tief wurzelnden Quellerpflanzen in der oberen Verlandungszone macht es nichts aus, wenn sich wegen lang anhaltender Trockenheit im Sommer und fehlender Überflutung vorübergehend Trockenrisse im Boden bilden.

die feineren Teilchen leichter fortgespült, so daß
nur gröberes Material liegenbleibt. Der Boden
wird fester; die Gefahr des Einsinkens besteht
nicht mehr. Wir finden dann Misch- und Sandwatt vor.

Manchmal sind die Eindeichungen so vorgenom-
men, daß gar kein Salzwiesenbereich und kaum
noch ein Schlickwatt wahrzunehmen sind. Dann
reicht die mittlere Hochwasserlinie direkt bis an
die Böschung des Deichs heran, und wir können
einen ausgeprägten Spülsaum erkennen.

Der Spülsaum als interessanter Fundort

Besonders an stürmischen Tagen kann an der
Flutkante viel angespült werden. Schon aus der
Ferne nimmt man den eigentümlichen Seetang-
Geruch wahr, der auf die eingetretenen Zerset-
zungsvorgänge hinweist. Gelegentlich werden nur
einzelne Arten in Massen zusammengespült, beispielsweise der Hydrobien-Schill der Wattschnecke (Hydrobia ulvae) oder Muschelschill der
Eßbaren Herzmuschel (Cerastoderma edule). Das
ist besonders an inneren, dem Wattenmeer zuge-
wandten Küsten der Fall. Im Angespül der Strände finden wir ein reicheres Artenspektrum vor,
das uns neben den verdrifteten Arten aus der
Nähe auch Hinweise auf die in der tieferen Nordsee verborgenen Schätze geben kann.

Unter dem aufgeschichteten pflanzlichen Material
aus abgerissenem Seegras (Zostera-Arten),
Büscheln von Blasentang (Fucus vesiculosus) und
breitflächigem Meersalat (Ulva lactuca) halten
sich gerne kleine Strandflöhe (Orchestia gamma-
rellus) und Sandhüpfer (Talitrus saltator) verborgen, die sofort aufspringen, wenn man die Pflanzen anhebt. Die Algen selbst sind oft mit den win-

Oben: Der Spülsaum ist eine echte
Fundgrube. Hier entdeckt man eine
Vielfalt an Kleintieren des Meeres-
bodens und losgerissene Algen, die
an den Strand geworfen wurden.
Links: Eine angespülte nesselnde
Kompaßqualle verliert an der Luft
schnell ihren hohen Wassergehalt
und trocknet aus.

zigen Kalkröhren des Posthörnchenwurms und den flachen Kolonien von Moostierchen und Polypenstöckchen bewachsen.

Hier bietet sich auch eine Gelegenheit, die Sammlung an vielfältigen Muschelschalen und Schneckenhäusern zu vervollständigen. Dabei haben wir die Chance, in kurzer Zeit außer auf die häufigen Miesmuscheln, Baltischen Plattmuscheln, Herz- und Sandklaffmuscheln aus dem Watt noch auf zahlreiche andere Arten zu stoßen. Besonders die Schalen der großen Islandmuschel, Astarte-, Trog- sowie Kamm-, Messer- und Bohrmuscheln und vereinzelt noch die Klappen der Europäischen Auster sind zu finden, obwohl diese Art seit einigen Jahrzehnten im deutschen Wattenmeer als ausgestorben gilt. Häufig sind die Austernschalen durchlöchert, was auf Aktivitäten des Bohrschwamms hinweist. Unter den Schnecken können außer Strand-, Watt- und Wellhornschnecken noch Kreiselschnecken, Amerikanische Pantoffelschnecken, Nordische Purpurschnecken, Pelikanfüße und Nabelschnecken auftreten.

Im Spätsommer und Herbst stoßen wir häufig auf größere Mengen an Ohrenquallen (Aurelia aurita), blauen Nesselquallen (Cyanea lamarcki), gelben Haarquallen (Cyanea capillata) und Kompaßquallen (Chrysaora hysoscella). Sie alle trocknen außerhalb des Wassers bald ein und schrumpfen dabei stark zusammen. Aus den entfernteren Weichbodengründen der Nordsee werden zuweilen auch die zerbrechlichen Panzer des Herzigels (Echinocardium cordatum) und zierliche Schlangensterne (Ophiura albida) durch die Strömung an den Strand geworfen. Häufig werden dagegen die eigenartig rechteckigen, meist leeren Eikapseln von Haien und Rochen sowie die faustgroßen gelben Laichballen der Wellhornschnecke (Buccinum undatum) angespült. Sie bestehen aus vielen zusammengeklebten, ebenfalls meist leeren Eikapseln, in denen jeweils bis etwa 1000 Eier vorhanden sein können. Von diesen entwickeln sich aber nur etwa 10 bis 20, die sich zunächst von den restlichen Eiern ernähren, bis sie als kleine Wellhornschnecken aus diesen Hornkapseln schlüpfen. Auch die inneren kalkigen Schalen (Schulpe) von Tintenfischen (Sepia officinalis) kann man entdecken. Sie werden gerne gesammelt, um Vögeln in Gefangenschaft zum Wetzen des Schnabels zu dienen.

Wer also auf einfache Weise einen Einblick in die Vielfalt des Lebens im Meer gewinnen möchte und den charakteristischen Geruch des Strandanwurfs nicht scheut, dem bietet der Spülsaum dazu die erste günstige Gelegenheit.

Reiche Nahrung im Schlickwatt

Um nicht unangenehm tief einzusinken, sucht man das Schlickwatt am besten über einen etwas festeren Umweg auf. Auf den ersten Blick wirkt es fast leblos. Aber bei genauerem Hinsehen weisen viele kleine Spuren auf eine ungeheure Fülle an verstecktem Leben im Wattboden hin. Im Sommer überzieht ein dichter bräunlicher Belag die Wattoberfläche. Unter dem Mikroskop wird erkennbar, daß es sich hierbei um unglaubliche Mengen an pflanzlichen Zellen, nämlich um Kieselalgen (Diatomeen) handelt. Sie haben als Nahrungsgrundlage für die tierischen Wattbewohner größte Bedeutung. Da das Sonnenlicht nur wenige Millimeter in das weiche Wattsediment eindringen kann, bleiben diese kleinen Algen wegen der Photosynthese stets in der Nähe der Oberfläche.

Schlickkrebse in ihren Wohngängen. Mit den kräftigen, beborsteten zweiten Antennen sammeln sie Nahrung von der Oberfläche des Wattbodens.

Bei genauerem Hinsehen entdeckt man, daß die Sedimentfläche von unendlich vielen streichholz-kopfgroßen Löchern durchsiebt ist. Es mögen an die 100 000 pro Quadratmeter sein. Viele sind von einem kleinen Hof mit sternförmigen Kratz-spuren umgeben. Hier siedelt der etwa sechs Mil-limeter lange Schlickkrebs (Corophium voluta-tor). Bis zu 40 000 Exemplare pro Quadratmeter können den Wattenschlick in den vier bis sechs Zentimeter tiefen, U-förmigen und mit Schleim ausgekleideten Röhren bewohnen. Zur Nahrungs-aufnahme kommen sie ein kleines Stück aus ihren Gängen heraus und streichen mit den kräftigen, beborsteten zweiten Antennen die Nahrung von der Oberfläche in ihren Bau. Wenn dabei das Wasserhäutchen zwischen den auseinanderklaf-fenden Antennen platzt, hört man einen zarten Klick-Laut. Das millionenfache Auftreten dieses Effekts ergibt das knisternde Wattengeräusch, das bei ruhigem Wetter die Luft über dem Watt erfüllt.

Die kleinen Krebstiere sind eine wichtige Nah-rungsquelle für Vögel (z. B. den Knutt), die Nord-seegarnele (Crangon crangon) und kleine Platt-fische. Man kann sie genauer betrachten, wenn man eine Handvoll Oberflächen-Wattenschlick durch ein Küchensieb spült und die verbleibenden Krebschen in einem durchsichtigen Glasgefäß auf-schwimmen läßt.

Wenn man von derselben Wattprobe etwas zwi-schen den Fingern zerreibt, fühlt man deutlich die kleinen, bis sechs Millimeter langen Wattschnek-ken (Hydrobia ulvae), die oft noch zahlreicher als die Schlickkrebse vertreten sind und ebenfalls eine wichtige Nahrungsquelle für Vögel und Fische darstellen. Sie werden jedoch leicht übersehen, da sich die meisten von ihnen bei Niedrigwasser nach

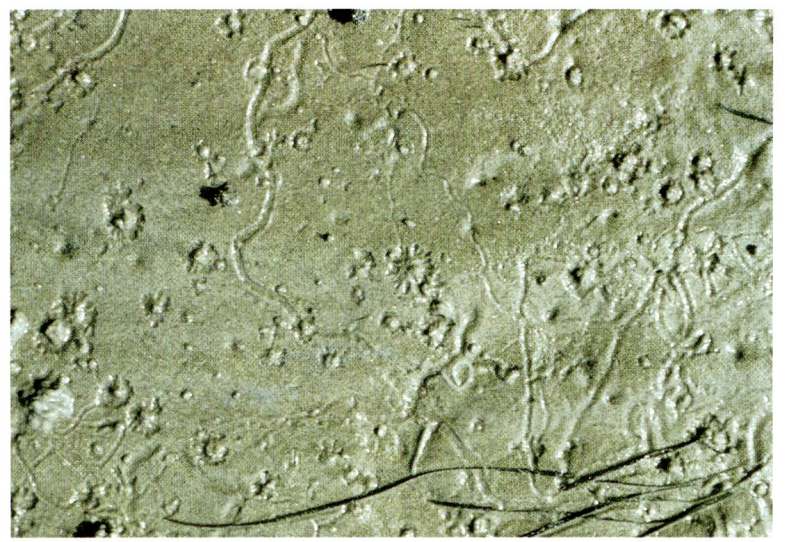

Oben: Kreisrunde Spuren auf der
Wattoberfläche bei Niedrigwasser
zeigen an, daß hier Schlickkrebse ihre Wohnröhren mit kleinen Schlamm-
pfropfen verschlossen halten.
Links: Kleine Wattschnecken besiedeln das Schlickwatt teilweise mit
bis zu 100 000 Individuen pro Quadratmeter.

und nach eingraben. Bei Wasserbedeckung kriechen sie aber auf dem Wattboden umher und weiden die Schlickoberfläche nach Diatomeen, Blaualgen und toter organischer Substanz ab. Als zusätzliche Nahrung dienen ihnen ihre eigenen, mit Bakterien besiedelten Kotpillen. Manchmal heften sich die Schnecken vorübergehend an die Oberflächenhaut des auflaufenden Wassers. Dazu produzieren sie einen Schleimteppich, der ihnen ein besseres Anhaften erlaubt und an dem im Wasser schwebendes Plankton klebenbleibt, das sie mit dem Schleim fressen.

Nur einige Millimeter große schwarze Kotpillenhäufchen zeigen an, daß hier der Kotpillenwurm (Heteromastus filiformis) wohnt. Wenn man mit dem Spaten Sediment heraushebt, so zieht der Wurm sich oft wie ein Gummiband in die Länge, wobei er jedoch leicht zerreißt. In langen, dünnen Gängen kriecht er senkrecht nach unten bis in die schwarze, schwefelwasserstoffhaltige Zone, um dort nahrungsreichen Schlick zu fressen. Die unverdaulichen Reste werden in Form von dunklen Kotpillen an die Wattoberfläche befördert. Der räuberische Opalwurm (Nephthys hombergi) ist der Feind des kleinen Kotpillenwurms.

An einigen Standorten im Schlickwatt finden sich sternförmige Spuren um ein kleines Loch im Boden, während eine weitere Öffnung ohne Muster nur wenige Zentimeter entfernt ist. Hier streckt die Große Pfeffermuschel (Scrobicularia plana) aus etwa 15 Zentimeter Tiefe ihre Siphonen (schlauchförmige lange Körperanhänge) empor. Durch den besonders langen Einstromsipho saugt sie feines Nahrungsmaterial aus der obersten Wattschicht ab. Dabei hinterläßt sie das sternförmige Muster.

Auch der Schillernde Seeringelwurm (Nereis

diversicolor) erzeugt Fraßspuren, wenn er mit seinem Vorderkörper halb aus dem tief verzweigten Gangsystem herauskommt, um zu fressen. Dabei ist er nicht wählerisch. Die Beute wird in den Gang gezogen; Algenstücke schauen manchmal noch teilweise oben heraus.

In festeren Schlick- und Schlicksandgebieten können fingerdicke Löcher auftauchen. Wenn man ihnen sehr nahe kommt, sieht man kleine Wasserfontänen herausspritzen. Dann zucken die großen Sandklaffmuscheln (Mya arenaria), die mehr als eine Spatentiefe eingegraben leben, kräftig zusammen und verkürzen ruckartig ihren Doppelröhrensipho, der normalerweise die Verbindung zur Wattoberfläche herstellt. Während die Jungmuscheln frei beweglich sind, können die ausgewachsenen Muscheln ihren Standort nicht mehr verändern. Wird in einem Priel zu viel Sediment abgetragen, können ganze Muschelbeete freigespült werden, in denen die leeren „Steckmuscheln" sich noch in ihrer ursprünglichen Lage befinden. Dabei wird auch die Dichte der Besiedlung deutlich.

Tief eingegrabene Sandklaffmuscheln halten mit dem lang ausstreckbaren Sipho Verbindung zur Wattoberfläche.

Das Mischwatt: ein Übergangsgebiet

Im Mischwatt wird weniger feines, dafür jedoch mehr grobes Material abgelagert, so daß der Boden fester ist. Manche Tiere, wie Schlickkrebs, Wattschnecke, Kotpillenwurm, Sandklaffmuschel, Seeringelwurm und Plattmuschel, die überwiegend das Schlickwatt besiedeln, dringen auch bis hierhin vor.

In höheren Lagen treten manchmal Seegrasbestände (Zostera) hinzu. Die Pflanzen verankern sich durch Wurzelstöcke im Boden. Zwischen ihnen kann sich feines Material leicht absetzen. Dadurch werden zusätzliche Siedlungsmöglichkeiten für kleine Tiere wie Schnecken, Meerasseln, Muscheln und Meeresringelwürmer geschaffen, die hier Schutz finden. Wegen seines hohen Nährwertes ist das Seegras neben dem Andelgras der Salzwiesen wichtige Nahrung beispielsweise für die Ringelgänse, die aus dem hohen Norden kommen und zum großen Teil an der Wattenmeerküste überwintern. Die oberirdischen Teile des Grases werden oft völlig abgeweidet. Erst im Frühjahr, wenn das Seegras nachwächst, ist dann wieder zu erkennen, wo Seegraswiesen gedeihen. Großalgen finden nur wenig Anheftungsmöglichkeiten im Watt. Hin und wieder erblickt man Büschel des flächigen grünen Meersalats (Ulva lactuca), der Borstenhaaralge (Chaetomorpha linum) und des Flachen Darmtangs (Enteromorpha compressa).

Wenn wir mit der Hand das Mischwatt durchwühlen, kann es uns gelingen, daß wir die für diesen Bereich typischen Eßbaren Herzmuscheln (Cerastoderma edule) sowie kleine Baltische Plattmuscheln (Macoma balthica), auch Rote Bohnen genannt, einfangen. Legt man sie auf dem Wattboden wieder aus, kann man verfolgen, wie schnell sich beide Arten – im Sommer schon in wenigen Minuten – wieder in den Boden eingraben. Da die Herzmuschel nur zwei ganz kurze Siphonen hat, lebt sie wenige Zentimeter unter der Wattoberfläche. Beim Ansaugen des Atemwassers können bei Niedrigwasser auch Luftblasen in die Mantelhöhle gelangen und zur Sauerstoffversorgung beitragen. Wenn dann ein Luftbläschen aus dem Ausstromsipho wieder austritt, entsteht beim Zerplatzen ein Laut. Dadurch trägt auch die Herzmuschel zum bereits erwähnten Wattengeräusch bei. Ein weiterer häufiger Vertreter im Watt ist die seit einigen Jahren aus Amerika

eingeschleppte Schwertmuschel (Ensis directus),
die bis zu 16 Zentimeter lang wird.
Besonders prägend für das Erscheinungsbild des
Mischwatts wirken die vielen, aus Sandkringeln
bestehenden Kothäufchen des Watt-, Pier- oder
Köderwurms (Arenicola marina). Zu den etwa
25 Zentimeter tiefen, U-förmigen Wohnbauten
gehört auch immer eine trichterförmige Einsen-
kung, die jeweils über dem Freßgang entsteht.
Dort sickert nahrungsreiches Sediment von oben
nach, wenn der Wurm frißt. Gelangen Grünalgen
in den Trichter, können sie den weiteren Nah-
rungstransport behindern. Um die Kotstränge
auszuscheiden, kriecht der Wurm den Kotgang
rückwärts mit seinem Hinterende bis an die Oberfläche. Deshalb kann das Schwanzende leicht zur
Beute von Krebsen, Fischen oder Vögeln werden.
Ein Wattwurm kann jedoch bis etwa 30mal das
abgebissene Schwanzende erneuern. Einen Atemwasserstrom erzeugt er durch Verdickungs- und
Verdünnungswellen, die von hinten nach vorn
über seinen Körper verlaufen. Die Tiere fühlen
sich nur dort wohl, wo der Wattboden auch bei
niedrigstem Wasserstand von einer dünnen Was-
serschicht bedeckt bleibt.
Wenn die Lebensbedingungen zu ungünstig werden, können die Tiere den Standort wechseln. Im
Frühjahr siedeln sich die Jungwürmer im landsei-
tigen Misch- und Schlickwatt an. Sind sie heran-
gewachsen, ziehen sie noch vor dem Winter in das
seeseitige Mischwatt um.

Sandwatt und Priele

Auf den weiten Flächen des Sandwatts treten nur
wenige Bodentierarten auf. Ein Teil von ihnen lebt
auch in anderen Wattgebieten, beispielsweise der

Die charakteri-
stischen Kot-
häufchen des
Wattwurms fin-
den sich vor
allem im Misch-
watt.

Der Wattwurm
kriecht rück-
wärts den hinte-
ren Teil seines
U-förmigen
Wohnbaus nach
oben, um Kot-
stränge an der
Wattoberfläche
auszuscheiden.

Wattwurm, Seeringelwurm, Opalwurm und die Plattmuschel.

Dort, wo die Strömungen stärker werden, spielen die vom Wasser mitgeführten Schwebepartikel und Planktonorganismen eine immer größere Rolle als Nahrung für die Bodentiere. Weiter seewärts, oft in der Nähe der Muschelbänke, entdeckt man die einige Zentimeter aus dem Boden herausschauenden, charakteristischen Bäumchenkronen des Bäumchenröhrenwurms (Lanice conchilega). Die aus Schillstückchen bestehende Wohnröhre reicht tief in das Sediment hinein. Die Tiere ernähren sich von vorbeiströmenden Schwebeteilchen, die sie mit ihren fächerförmig ausgebreiteten Tentakeln einfangen.

Ein wichtiger Planktonfiltrierer ist die Miesmuschel (Mytilus edulis). Sie klebt sich mit ihren Byssusfäden gerne auf hartem Untergrund wie Steinen und Pfählen fest. Fehlen solche Unterlagen, werden auch alte Muschelschalen benutzt, oder die Tiere heften sich auch gegenseitig zu Klumpen und Girlanden zusammen. An etwas tieferen Standorten unterhalb der Niedrigwasserlinie (bei Springtidenniedrigwasser zu erreichen) finden sich ausgedehnte Muschelbänke; hier können in mehreren Lagen bis zu 2000 Tiere pro Quadratmeter zusammenleben. Sie liefern reichliche Beute für Strandkrabben, Seesterne, Austernfischer und Eiderenten. In Gesellschaft mit den Muscheln tritt häufig eine blasenlose Variante des Blasentangs auf, die einen Teil der stickstoffhaltigen Ausscheidungen und Abbauprodukte der Muscheln bindet.

Jede ausgewachsene Muschel kann ein bis zwei Liter Meerwasser pro Stunde ansaugen und mit Hilfe der Kiemen die darin schwebenden Nahrungsteilchen herausfiltern. Die nicht verwertba-

Oben: In der Muschelbank, oft am Rande eines Priels, leben Tausende Miesmuscheln dicht gedrängt und mit Byssusfäden fest aneinander verankert. Ihre intensive Filtertätigkeit führt dazu, daß sich beträchtliche Schlickmengen ansammeln.
Links: Männliche Strandkrabbe mit Drohgebärde

ren Reste führen nach und nach zu einer beachtlichen Aufschichtung der Muschelbank mit Schlick. Die Tiergemeinschaft der Muschelbank ist vielfältig. Halt und Schlupfwinkel finden Seepocken, Polypenstöckchen, Strandschnecken, Meeresringelwürmer, Schnurwürmer sowie räuberische Einsiedlerkrebse und Strandkrabben (Carcinus maenas). Letztere sehen wir manchmal querlaufend über das Watt eilen – weshalb sie volkstümlich auch Dwarslöper genannt werden.

Priele, die im oberen Wattbereich noch sehr klein sind, bilden weiter seewärts bei zunehmend stärkerer Strömung und mäandrierendem Verlauf steile Prall- und flache Gleithänge aus, die unterschiedlich besiedelt werden. Am Prielboden lassen sich mit Hilfe eines kleinen Keschers junge Plattfische und Garnelen (Crangon crangon), im Volksmund Nordseekrabben genannt, fangen. Im Oberlauf sind sie ganz klein, zur See hin werden sie größer. Um sich vor ihren vielen Feinden – Strandkrabben, Grundfische und Vögel – zu schützen, graben sie sich oberflächlich in den Boden ein und gleichen mit Hilfe ihrer Pigmentzellen die Körperfarbe hervorragend an den Untergrund an.

Der Druck durch Feinde ist im Watt erheblich. Bei Wasserbedeckung sind es vor allem viele Fische, bei Trockenfallen riesige Vogelscharen, die hier ihre Nahrung finden. Nur die hohe biologische Produktivität des Watts und die vielfältigen Spezialisierungen und Nischen machen es möglich, daß der „gedeckte Tisch" für alle reicht. Dies kann jedoch nur bei einem ungestörten Ablauf der Naturvorgänge funktionieren. Der Schutz des Wattenmeeres durch die Schaffung der Nationalparks trägt dazu bei.

Hans Theede

Hart ist das Leben an der Küste. In dramatischer
Weise verändern sich die Lebensbedingungen im
Watt gleich mehrere Male am Tag im Rhythmus
von Ebbe und Flut. Tiere, die in diesem ständigen
Wechsel von Trockenfallen und Überschwem-
mung gedeihen, müssen besondere Anpassungsleistungen erbringen.

Sind sie der Luft ausgesetzt, erhöht sich die
Gefahr der Austrocknung. Bei heftigen Strömungen, die zum Ab- und Auflaufen des Wassers führen, drohen die Tiere zu verdriften. Regengüsse
können bei Niedrigwasserständen in den Wattüm-
peln eine drastische Aussüßung bewirken. Starke
Verdunstung bei intensiver Sonneneinstrahlung im
Sommer hat wiederum hohe Salzkonzentrationen
zur Folge.

Auch die Temperaturen schwanken erheblich. Im
Sommer können sich die obersten Schichten des
Wattbodens durch Sonne und Luft auf annähernd
35 bis 40 °C erwärmen, bei auflaufendem Wasser
kühlen sie in kürzester Zeit auf etwa halb so hohe
Werte ab. Zudem kann im Winter anhaltender
starker Frost dazu führen, daß der Wattboden mit
Eisschollen bedeckt ist und der Boden an der
Oberfläche gefriert.

Die Atmungsbedingungen sind an der Luft und im
Wasser grundlegend verschieden, und der Wechsel
des Mediums stellt an die Tiere besondere Anfor-
derungen. Im Wattboden herrscht schon dicht
unter der Oberfläche Sauerstoffmangel, und das
Sediment ist oft von giftigem Schwefelwasserstoff
durchsetzt.

Organismen, die auf der Wattoberfläche leben,
sind den wechselnden Lebensbedingungen scho-
nungslos ausgeliefert. Um nicht fortgespült zu
werden, heften oder kleben sie sich an den wenigen vorhandenen harten Unterlagen fest. Die mei-

sten Tierarten des Watts graben sich jedoch in den Boden ein. So wie der Mensch sich bei extremen Witterungsbedingungen in den Schutz seiner Wohnung begibt, ziehen sich auch viele Tiere in ihre Behausungen zurück. Auf diese Weise wirkt das Watt auf den ersten Blick leicht öde und leer, obwohl es eine Fülle von Organismen beherbergt.

Gefahr der Austrocknung

Auf ganz unterschiedliche Art begegnen die im Watt lebenden Tiere der Gefahr der Austrocknung. Strandschnecken etwa, die bis in die obere Gezeitenzone vordringen, schützen sich, indem sie sich in ihre dicken Gehäuse zurückziehen und diese mit einem Deckel fest verschließen. Außerdem heften sie sich mit Schleim an der Unterlage fest. Wenn es sein muß, können sie so mehrere Wochen an der Luft überleben. Im Laufe der Zeit müssen die Strandschnecken deutliche Gewichtsverluste durch Wasserentzug hinnehmen, die sie jedoch später unter Wasser schnell wieder ausgleichen. Aber nicht alle Schnecken sind auf solche Weise geschützt. Die im tieferen Wasser lebende Wellhornschnecke verendet, wenn sie ausnahmsweise einmal bei Niedrigwasser ins Trockene gerät.

Mit Seepocken bewachsene Pfähle einer Buhne. Beim Trockenfallen können diese Krebstiere ihren Kalkplattenbau mit einem Deckel fest verschließen.

Trockenfallende Seepocken schützen sich an der Luft, indem sie die Rankenfüße in ihr Kalkschalengehäuse zurückziehen und es fest verschließen. Miesmuscheln im Watt halten an der Luft die Schalenklappen bis zum Wiedereintreffen des Wassers fest verschlossen, so daß ihre Weichkörper feucht bleiben. Diejenigen Muscheln, die normalerweise ständig im tieferen Wasser leben, öffnen dagegen an der Luft schon nach kurzer Zeit probeweise die Schalenklappen. Dadurch verlieren sie einen Teil ihres Mantelhöhlenwassers und gehen bald zugrunde.

Kleintiere, die in den feuchten Sand- und Weichbodenflächen des Watts eingegraben leben, verfügen über geringere Fähigkeiten, das Austrocknen zu vermeiden. Deshalb kann für sie das Ausgespültwerden zur Haupt-Todesursache werden. Wird bei rauher See zuviel Sediment abgetragen, können ganze Beete von Plattmuscheln, Herz- und Klaffmuscheln freigelegt werden. Haben solche Exemplare nicht rechtzeitig die Möglichkeit, sich wieder einzugraben, so sind sie während des Niedrigwassers der Gefahr ausgesetzt auszutrocknen, was manchmal zu Massensterben führt.

Veränderte Salzgehalte

Im Gegensatz zur Hochsee mit gleichbleibend hohen Werten kann die Salzkonzentration des Wattwassers erheblich schwanken. Durch Verdunstung an heißen Sommertagen und Eisbildung im kalten Winter, die dem Meer das reine Wasser entziehen, steigt der Salzgehalt stark an. Andererseits führen Eintrag von Flußwasser, Regengüsse und Eisschmelze zur Verdünnung des Meerwassers. Hochseetiere, die an einen konstanten Lebensraum angepaßt sind, können unter solchen Bedingungen nicht existieren und verenden.

Im Watt leben nur Formen, die in der Lage sind, sich in gewissen Grenzen von der äußeren Salzkonzentration unabhängig zu machen. Wenn Tiere sich in ihre Gehäuse, Röhren oder Gänge zurückziehen, so bietet ihnen dies nur kurzfristig Schutz. Wirksamer ist es, wenn sie die Konzentration und ionale Zusammensetzung ihrer zirkulierenden Körperflüssigkeiten regulieren können. Dafür sorgen leistungsfähige Ausscheidungsorgane und aktive Ionenpumpen in bestimmten Organen. Bei den Fischen und Krebsen befinden sie sich in den Kiemen.

Muscheln und viele andere kleine Wattbewohner können die Konzentration ihrer Körperflüssigkeiten nicht regulieren. Bei ihnen wirken die Salzgehaltsschwankungen des Meerwassers direkt auf die Körperzellen ein. Trotzdem führt eine Erhöhung des Salzgehalts nicht dazu, daß diese Tiere zum Ausgleich der Konzentration Wasser abgeben und schrumpfen, wie man es eigentlich erwarten würde. Sie können nämlich in einem solchen Fall aktiv die Mengen an gelösten Aminosäuren entsprechend erhöhen. Wird umgekehrt der Salzgehalt des Wassers niedriger, so verringern sie die Aminosäurekonzentration in ihren Zellflüssigkeiten und verhindern auf diese Weise eine zu starke Wasseraufnahme, die zum Platzen der Zellen führen könnte. In erster Linie wegen dieser Fähigkeiten können bekannte Muschelarten aus dem Wattenmeer (Miesmuschel, Herz-, Klaff- und Plattmuschel) sogar bis ins stark ausgesüßte Brackwasser der östlichen Ostsee vordringen.

Hitze und Kälte

Je ungeschützter Tiere im Watt sind und je höher sie in der Gezeitenregion mit kürzeren und selteneren Überflutungen leben, desto besser müssen sie Hitze und Kälte ertragen können. Erstaunlich ist, daß schon das isolierte Gewebe entsprechende Fähigkeiten aufweist. Ferner zeigen einige Tiere Verhaltensweisen, mit denen sie Extremtemperaturen meiden. Wenn beispielsweise am Standort der Stumpfen Strandschnecke die Temperatur auf 15 °C ansteigt oder unter 3 °C absinkt, wandern die Schnecken in tiefere Bereiche ab, wo die Tem-

peraturschwankungen geringer sind. So wird ein
Sicherheitsabstand zur maximal erträglichen
Grenztemperatur aufrechterhalten.

Große Teile des Wattenmeeres können im Winter
bei anhaltendem Frost vereisen. Tiere, die unter
diesen Bedingungen in der oberen Gezeitenregion
überwintern, wie beispielsweise Strandschnecken,
Seepocken, Miesmuscheln und einige Borstenwür-
mer, sind in der Lage, sich durch ein Bündel an
trickreichen Reaktionen wirkungsvoll zu schützen. Zunächst schaffen sie es, eine zu schnelle
Abkühlung zu vermeiden. Schließlich gelingt es
ihnen, auch im gefrorenen Zustand eine gewisse
Zeit zu überleben. Sie sind nämlich in der Lage,
die Eisbildung in ihrem Körper so zu gestalten,
daß sie nicht zu einer schwerwiegenden Schädi-
gung führt.

Die Miesmuschel geht dabei folgendermaßen vor:
Die Tiere leben, meist zu vielen Individuen eng
beieinander festgesponnen, auf Pfählen, Steinen
und in Muschelbänken. Sie nutzen so die Wärme-
reserven des Untergrunds. Manchmal kann ihnen
auch der sogenannte Treibhauseffekt zugute kommen: Unter einer Eisschicht wird Sonnenlicht eingefangen und in Wärme umgewandelt. Mit dem
Vorrat an Mantelhöhlenwasser haben die
Muscheln ebenfalls Wärme gespeichert. So
kommt es, daß sie selbst bei großer Kälte während der Trockenphase bei weitem nicht so stark
abkühlen, wie man es aufgrund der niedrigen
Lufttemperaturen erwarten würde. Außerdem
nutzen sie noch folgenden Trick: Im Winter besitzen sie in ihren Körperflüssigkeiten ungewöhnlich
viele große Eiweißmoleküle, die als Eisbildungs-
keime wirken können. Wenn bei stärkerer Abkühlung die Gefahr der Vereisung zunimmt, wird sie
hierdurch sogar früher ausgelöst, als es sonst der

Miesmuscheln
ertragen extreme
Lebensbedingun-
gen. Nur in sehr
strengen, langen
Eiswintern wer-
den große Teile
der Bestände
vernichtet.

Unter Eisschollen und Schnee geht in normalen Wintern das Leben im Wattboden auf „Sparflamme" weiter.

Fall wäre. Mit dem Eis, das sich dann in den Körperflüssigkeiten bildet, ist das Freiwerden von Kristallisationswärme verbunden, und auf diese Weise wird eine weitere Abkühlung deutlich hinausgezögert.

Hinzu kommt, daß zunächst reines Wasser gefriert. Die verbleibende Salzlake wird dadurch konzentrierter. Da sich die Körperzellen, wie bereits erwähnt, an diese hohen Salzkonzentrationen anpassen, wird eine Eisbildung in den Zellen verhindert, welche die Zellbausteine zerstören und den Tod des Tieres zur Folge haben würde. Die Eisbildung in Zwischenzellräumen wird hingegen toleriert. Hierfür ist u.a. von Bedeutung, daß die an Winterverhältnisse angepaßten Zellmembranen der Muscheln eine besondere Elastizität aufweisen. Infolgedessen treten auch bei Schrumpfung der Zellen nicht so leicht Schäden auf, die nicht mehr rückgängig gemacht werden könnten. Bei den frosttoleranten Formen wird ein vergleichsweise großer Teil des Gewebewassers so gebunden, daß es nicht gefrieren kann. Etwa zwei Drittel ihres Körperwassers können die Muscheln gefrieren lassen, bevor der Tod eintritt.

Entscheidend für die obere Vorkommensgrenze der Arten in der Gezeitenregion ist im Winter die Widerstandsfähigkeit gegen Frost. In sehr strengen, anhaltenden Eiswintern jedoch reicht sie oft nicht aus, so daß große Teile der Bestände an Herz- und Miesmuscheln vernichtet werden. Dann kommt es auf die Vermehrungskraft der in geschützteren Wattzonen überlebenden Individuen an. Meist tritt schon in dem auf die Katastrophe folgenden Jahr eine dichte Neubesiedlung der entblößten Wattgebiete ein, denn die Tiere bringen ungeheure Mengen an freischwebenden Larven hervor, die durch Strömungen im Wattgebiet verteilt werden können, bevor sie zum Bodenleben übergehen.

Erschwerte Atmungsbedingungen

Mit dem Wechsel von Wasserbedeckung und Trockenfallen ändern sich auch die Atmungsbedingungen. Für die zarten Gewebe niederer Meerestiere, in denen der Gasaustausch stattfindet, besteht in der Luft die Gefahr, daß sie verkleben und eintrocknen.
Die Spitze Strandschnecke besitzt jedoch nur kleine Kiemen und hat eine gut durchblutete Atemhöhle angelegt, die sogar für die Atmung an der Luft besser geeignet ist als für die im Wasser. Seenelken auf Steinen und Schalen im Bereich der Muschelbänke ziehen ihre feinen Tentakel zurück und überziehen sich mit einem zähen schützenden Schleim. Strandkrabben, die über das trockene Watt eilen, halten die Kiemen in den Atemhöhlen im Schutze des Panzers vorübergehend feucht. Sie suchen schnell wieder nasse Standorte in Tümpeln, Prielen oder unter Steinen auf. Seepocken und Miesmuscheln halten in feuchtigkeitsgesättigter Luft noch einen winzigen Schalenspalt für einen geringen Gasaustausch offen.
Wenn Miesmuscheln an der Luft aber ihre Schalen fest verschließen, steht ihnen für die Atmung kein Sauerstoff mehr zur Verfügung. Sie schalten dann auf eine sauerstoffunabhängige (anaerobe) Atmung um. Dabei ruhen sie weitestgehend. Die Atmung steht fast still. Das Herz schlägt nur noch sporadisch. Die Flimmerhärchen auf den Kiemen hören auf zu schlagen. Die Nahrungsaufnahme unterbleibt. Der Energiebedarf insgesamt ist auf einen Bruchteil des Normalwertes gedrosselt. Die Energiespeicher reichen nun lange Zeit aus, um

Die Große Pfeffermuschel kann tief im Schlickwatt leben und hält mit zwei röhrenförmigen Siphonen die Verbindung zur Sedimentoberfläche aufrecht.

die auf ein Minimum reduzierten Lebensvorgänge aufrechtzuerhalten.

Schwieriger ist die Situation im Wattboden. Häufig ist er bereits dicht unter der Oberfläche arm an Sauerstoff. Die Durchlüftung wird durch die Farbe des Sediments angezeigt. Hell erscheint nur die oberste sauerstofführende (oxische) Schicht, die im Schlickwatt nur wenige Millimeter beträgt. Darunter findet sich eine sauerstofffreie dunkle Reduktionszone, in der speziell angepaßte Bakterien das reichlich im Meerwasser vorhandene Sulfat in Schwefelwasserstoff umwandeln. Durch Bindung an Eisen entsteht hier schwarzes Eisensulfid. Bei einem Überschuß findet sich freier, übelriechender Schwefelwasserstoff im Boden, der schon bei äußerst niedriger Konzentration als starkes Atemgift wirkt.

Erstaunlicherweise dringen etliche Arten unter den Meeresringelwürmern und den Muscheln bis in diese lebensfeindliche schwefelwasserstoffhaltige Zone vor, beispielsweise der Wattwurm und die Große Pfeffermuschel. Allerdings sind auch sie bestrebt, die Belastung durch Schwefelwasserstoff möglichst zu vermeiden oder gering zu halten. Der Wattwurm erreicht das, indem er kräftig sauerstoffhaltiges Wasser von oben durch seine Wohnröhre pumpt. Eindringender Schwefelwasserstoff wird oxidiert oder weggespült.

Die Probleme beginnen aber bei Ebbe, wenn das Watt trockenfällt. Dann steht nämlich nicht mehr genug frisches Wasser für die Ventilation zur Verfügung. Im Atemwasserstrom sinkt der Sauerstoffgehalt, Schwefelwasserstoff dringt in die Röhre und in den Wurm ein und blockiert seine Atmung. Der Wattwurm schaltet sofort auf einen anaeroben Stoffwechsel um und stellt damit Energie bereit. So werden Zeiten des Sauerstoffman-

gels mit gleichzeitig erhöhter Schwefelwasserstoff-
belastung überstanden.

Wenn mit der Flut das Wasser zurückkehrt, wird
der Bau des Wattwurms wieder mit sauerstoffhal-
tigem Atemwasser versorgt. Somit steht genug
Sauerstoff zur Umwandlung von giftigem Schwefelwasserstoff in ungiftiges Thiosulfat zur Verfügung, was vor allem in speziellen Zellstrukturen,
den Mitochondrien, geschieht. Das Thiosulfat
wird schnell aus dem Körper entfernt, danach
kann der Wurm wieder normal atmen.

Die Lebensweise des Kotpillenwurms sieht folgendermaßen aus: Der Wurm kann kopfabwärts
gerichtet in seiner sehr dünnen, langgestreckten
Röhre tief in schwefelwasserstoffhaltige Bereiche
des Wattbodens vordringen und die dort lagern-
den Nahrungsreserven für sich erschließen. Wenn
er Sauerstoff braucht, kommt er mit dem Hinterende nach oben, ventiliert und versorgt sein
rotes Blut damit. Den Vorrat an Sauerstoff nimmt
er zum Atmen mit in die Tiefe. Schwefelwasserstoff kann ihm dann nichts anhaben. Dieser wird,
sobald er eindringt, mit Hilfe des Sauerstoffs in
den Mitochondrien gleich in ungiftiges Thiosulfat
umgewandelt. Die dabei frei werdende Energie,
die sonst nur von Bakterien genutzt werden kann,
verwertet der Wurm teilweise selbst in seinem
Stoffwechsel. Sauerstoffmangelperioden kann er
wie der Wattwurm mit einer sauerstoff-
unabhängigen Atmung überbrücken.

Auch die Große Pfeffermuschel, die sich etwa
15 Zentimeter tief in den Wattboden eingräbt,
dringt dabei bis in die schwarze, schwefelwasserstoffhaltige Sedimentschicht vor. Zwei röhrenför-
mige Siphonen halten die lebenswichtige Verbindung zur Sedimentoberfläche aufrecht. Über einen
davon saugt die Muschel frisches Wasser an, das

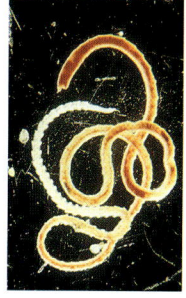

Der langge-
streckte Kotpil-
lenwurm dringt
tief in den
schwefelwasser-
stoffhaltigen
Wattenschlick
ein.

den für die Atmung wichtigen Sauerstoff enthält. Damit vermag das Tier auch den eingedrungenen Schwefelwasserstoff zu entgiften. Wenn Sauerstoff knapp oder die Belastung mit Schwefelwasserstoff zu groß wird, schaltet die Muschel ebenfalls auf anaerobe Atmung um.

Die aufgeführten Beispiele vermitteln einen lebendigen Eindruck davon, wie es den Meerestieren unter den Wattbewohnern gelungen ist, sich optimal an die ständig wechselnden Bedingungen anzupassen, um diesen nahrungsreichen Lebensraum besiedeln zu können.

Karl-Theodor Schreitling

Pflanzen leben in Lebensgemeinschaften, die
abhängig sind vom Klima, vom Boden, von Luft
und Wasser, vom Zusammenleben der Organismen und vom Menschen, der bewußt oder unbe-
wußt diese grundlegenden Faktoren beeinflussen
kann und damit die Gemeinschaft verändert. Es
geht hier um Strategien, wie Einzelorganismen an
Grenzstandorten überleben können. Grenzstand-
ort, das bedeutet Lebensfeindlichkeit. Nur bestimmte angepaßte Arten können hier überleben.
An der Nordseeküste heißt das: Trockenheit und
Wasserüberflutung, „Sandstrahlgebläse" durch
den ungehindert wehenden Wind, Sandüberwehungen, hohe Tagestemperaturen, wenig Schat-
ten, Salzstaub und Salzwasser. Überleben heißt
hier, eingepaßt und angepaßt zu sein. Wir haben
es also mit Spezialisten zu tun.

Strand und Düne

Der vom Wasser angespülte und von der Sonne
getrocknete Sand wird vom Wind über weite
Flächen geblasen. Hinter Hindernissen, z. B.
Muschelschalen oder Kisten, bilden sich kleinere
oder größere Sandanhäufungen, die schnell wieder verschwinden, wenn die Windrichtung sich
ändert. Nur Pflanzen können auf Dauer den
lockeren Sand binden und dauerhafte Dünen auf-
bauen. Der erste Pionier ist die Binsenquecke
(Agropyron junceum). Sie hält dem Wind, dem
wehenden Sand und den zeitweiligen Salzwasser-
überflutungen stand. Sobald diese noch sehr kleinen Dünen (Primärdünen) eine gewisse Höhe
erreicht haben und die Überflutungen nur noch
hin und wieder stattfinden, kann der Strandhafer
(Ammophila arenaria) Fuß fassen. Er formt jene
Dünen (Sekundärdünen oder „Weiße Dünen"),

Oben: Der sehr robuste Strandhafer bildet bei Übersandung dichte, hoch aufragende Horste. Er wird zur Festlegung der „Weißen Dünen" auch angepflanzt.
Links: Die Binsenquecke, eine Pionierpflanze, hält Wind, Sand und Überflutung stand. Sie bewirkt erste Sandanhäufungen.

die hoch genug werden, um die Ansiedlungen der Menschen unter normalen Bedingungen vor der See zu schützen.

Der Strandhafer ist dem fast immer wehenden Wind, dem schleifenden Sand, der Übersandung und dem Salzstaub ausgesetzt. Betrachten wir die Pflanze genauer, dann fallen uns zuerst ihre harten, eingerollten Blätter auf. Entrollen wir sie, entdecken wir tiefe Blattrippen und einen feinen Haarflaum. Die nach außen gekehrte glatte Unterseite läßt die Sandkörner abgleiten. Die Spaltöffnungen, die den Gas- und Wasseraustausch ermöglichen, liegen auf der eingerollten Innenseite der Blätter, tief unten an den Blattrippen, wo sie von feinen Haaren geschützt werden. Gegen Übersandung ist dem Strandhafer sein schnelles Wachstum von Nutzen, das sofort einsetzt, wenn die oberen Halmknoten einsanden. Diese bilden dann Ausläufer, die den Dünensand durchziehen, neue Pflanzen entstehen lassen und den aufgewehten Sand binden. Sobald der Sand in der „Weißen Düne" – so genannt, weil der weiße Sand noch durch die Vegetation hindurchscheint – auch nur einigermaßen fest liegt, können andere Pflanzen Fuß fassen, z. B. die Acker-Gänsedistel (Sonchus arvensis), das Doldige Habichtskraut (Hieracium umbellatum) und die Nachtkerze (Oenothera ammophila).

Auf den Ostfriesischen Inseln wächst auf der Rückseite (Südseite) der „Weißen Düne" der Sanddorn (Hippophaë rhamnoides). In der ältesten uns vorliegenden Literatur wird der Sanddorn von Borkum und Juist beschrieben. Hier dürfte er urwüchsig sein. Um 1870 war er auf Norderney zu finden, dann auf den anderen Inseln, bis er 1928 Wangerooge erreichte. Es ließ sich nachweisen, daß Vögel die Samen verbreiten. Der Sanddorn liebt Kalk, und den bieten die Ostfriesischen Inseln. Aber wie schafft er es, die Südseiten der „Weißen Dünen" zu besiedeln, die doch stark der Sonneneinstrahlung ausgesetzt sind? Es fällt auf, daß seine Blätter silbrig behaart sind. Ein Blick durch ein starkes Vergrößerungsglas – noch besser ein Mikroskop – läßt uns Genaueres erkennen. Die Blätter sind von Schild- und Sternhaaren überzogen. Die Schildhaare überdecken Spaltöffnungen, die sich auf der Blattunterseite befinden, und schützen die Pflanze so vor übermäßigem Wasserverlust. An den Wurzeln sind Anschwellungen zu entdecken. In ihnen wird der zum Wachsen nötige Stickstoff gebunden, der im Sandboden kaum vorhanden ist. Wie das geschieht, ist noch nicht geklärt.

Auf die Sekundär- oder „Weiße Düne" folgt die Tertiärdüne als „Graue Düne" auf den Ostfriesischen oder als „Braune Düne" auf den Nordfriesischen Inseln. Hier gibt es keine Sandüberwehungen mehr, die Vegetationsdecke kann sich schließen. Die „Grauen Dünen" auf den Ostfriesischen Inseln sind aus feinem Sand aufgebaut, der durch viele zerriebene Muschel- und Schneckenschalen kalkreich ist und einer kalkliebenden Vegetation Lebensmöglichkeiten bietet. Hier kommen Arten vor, die es auf den Nordfriesischen Inseln nicht gibt, z.B. Schillergras (Koeleria albescens), Nachtschatten (Solanum dulcamara), Holunder (Sambucus nigra) und Kratzbeere (Rubus caesius).

Die „Braune Düne" findet sich auf den Nordfriesischen Inseln. Der Sand dort ist gröber, mit der Folge, daß die Nährstoffe, vor allem Kalk, schneller ausgewaschen werden. Der Boden versauert. Der Name „Braune Düne" rührt von der Farbe der dort hauptsächlich vorkommenden Kräuter her: Krähenbeere (Empetrum nigrum) und Heide-

Oben: Das Heidekraut (auch Besen-
heide) in den geschützten Tälern der
„Braunen Dünen" blüht gegen Ende
des Sommers leuchtend rosaviolett.
Links: Die immergrüne Krähenbeere
bildet bis zu 50 Zentimeter hohe
Sträucher in den Heidegesellschaften
der „Braunen Dünen".

kraut (Calluna vulgaris), die sauren Boden lieben. Nur auf Dünenkuppen, auf denen sich Möwen aufhalten, bildet sich durch Vertritt (Zertreten) und Kot eine besondere Vegetation mit stickstoffliebenden Pflanzen, z. B. Rotschwingel (Festuca rubra), Hasenpfotenklee (Trifolium arvense) sowie Echtem Labkraut (Galium verum).

Watt und Vorland

Zwischen den Inseln und dem Festland liegt das Wattenmeer, dessen Ränder zweimal täglich überflutet werden und dann wieder trockenfallen. Pflanzen, die in diesem amphibischen Gebiet leben, müssen sich dem Wechsel von Ebbe und Flut, einer starken Sonneneinstrahlung, Wind und dem Salzgehalt des Bodenwassers anpassen. Zwei Spezialisten wagen sich in dieses Gebiet vor: der Queller (Salicornia) und das Schlickgras (Spartina). Zwischen diesen Pflanzen lagert sich Schlick ab und läßt so den Boden allmählich anwachsen. Die Überflutungen werden dadurch seltener, es siedeln sich andere Pflanzen an und bilden so das Vorland, Heller oder auch Groden genannt. Die Überflutungen des Hellers sind in der Regel von kurzer Dauer. Nach dem Trockenfallen sorgt der an der Küste fast immer wehende Wind für eine schnelle Verdunstung und damit ein Ansteigen des Salzgehalts in der Bodenlösung. Nur Pflanzen mit besonderen Anpassungseinrichtungen können hier wachsen.

Schlickgras-Horste in der Verlandungszone

Das Problem besteht darin, daß Pflanzen zum Leben u.a. Wasser benötigen. Um dieses aus dem Boden aufnehmen zu können, muß die Saugkraft der Pflanze höher sein als die des Bodenwassers. Das bedeutet für im Salzbereich wachsende Pflanzen, daß die Salzkonzentration im Zellsaft mindestens der des Bodenwassers entsprechen muß. Da aber die Pflanzen im allgemeinen durch die Spaltöffnungen reines Wasser verdunsten, müßte der Salzgehalt in der Pflanze im Laufe der Vegetationsperiode ansteigen. Das tut er auch bei sogenannten Akkumulationstypen („accumulare" bedeutet „anhäufen"), zu denen z. B. der Queller gehört. Der Queller ist einem dickfleischigen (sukkulenten) kleinen Kaktus ähnlich. Seine Sukkulenz ist jedoch – anders als beim Kaktus – nicht auf einen Wassermangel zurückzuführen. Außerdem besitzt der Queller im Gegensatz zu sukkulenten Pflanzen, die in Trockengebieten wachsen, eine dünne Außenhaut und eine große Zahl von Spaltöffnungen, durch die viel Wasser verdunstet. Man hat festgestellt, daß die Sukkulenz bei Pflanzen im Salzbereich zunimmt, je höher der Salzgehalt ansteigt. Der Queller reichert das aufgenommene Salz in seinen Zellen an. Im Herbst, wenn die gespeicherte Salzmenge ihren Höhepunkt erreicht hat, sterben die Quellerpflanzen ab. Die Samen sind inzwischen ausgestreut. Sie werden im nächsten Jahr keimen und neue Pflanzen hervorbringen.

Quellerpflanzen reichern in ihren Zellen im Verlauf der Vegetationsperiode viel Salz an und sterben im Herbst ab.

Andere Pflanzenarten haben die Fähigkeit erworben, überschüssiges Salz abzuscheiden (Regulationstyp). Dazu gehören z. B. Strandflieder (Limonium vulgare), Schlickgras (Spartina) sowie Meeresstrand-Milchkraut (Glaux maritima) und die Strandnelke (Armeria maritima).

Der Strandflieder hat z. B. Salzdrüsen auf den Blättern, durch die er überschüssiges Salz ausscheidet. Auf einem Blattflächenschnitt sieht man unter dem Mikroskop neben normalen Spaltöffnungen abgerundete quadratische Zellen mit dunklen Punkten in den Ecken. Das sind die Zellen, die aktiv Salz abscheiden.

Zum Schluß sei noch ein reizvoller Vergleich zwischen dem auf trockenem Dünensand wachsenden Strandhafer und dem im Watt auf nassem Standort lebenden Schlickgras angestellt. Beiden gemeinsam sind die Härte und Elastizität der Blätter. Beide sind Wind und Sonne und damit einer starken Verdunstung ausgesetzt. Beide haben die Möglichkeit, ihre Blätter einzurollen. Im Gegensatz zu dem auf feuchtem Standort wachsenden Schlickgras sind die Blattrippen des Strandhafers mit Haaren bedeckt, die vor zu großer Verdunstung schützen. Außerdem finden wir bei ihm auf der Außenseite der Blätter keine Spaltöffnungen, wohl aber beim Schlickgras. Der Zellaufbau des Schlickgrases deutet auf eine gute Durchströmung hin, vermutlich wird so eine zu hohe Salzkonzentration in der Pflanze vermieden.

Wie überall, so hat auch hier an der Küste der Mensch in den Ablauf der Natur eingegriffen. In früherer Zeit wurden fast alle Vorlandflächen von Rindern und Schafen beweidet. Dadurch entstanden artenarme Viehweiden, auf denen fast ausschließlich das kurze Andelgras wuchs. Heute geht die Beweidung überall zurück, und die weiten Weideflächen verwandeln sich in eine von Keilmeldenstrupp (Obione portulacoides) überzogene Fläche. Das Andelgras (Puccinellia maritima) wird nun auf einen schmalen Saum beschränkt, und der Strandflieder, früher nur an Grabenrändern wachsend, dehnt sich aus.

Am Ende zeigt der kleine Einblick in die Überlebensstrategien von Pflanzen an Grenzstandorten, wieviel Kraft im Lebendigen steckt. Es ist faszinierend, ihre Anpassungsleistungen zu beobachten und zu untersuchen.

Oben: Üppige Salzwiese mit blühendem Strandflieder
Links: Die Blüten der weitverbreiteten Strandgrasnelke leuchten vom Frühjahr bis in den Herbst.

Jedes Jahr erscheinen in der Presse Meldungen über Probleme mit Algenschaum an Badestränden oder Grünalgenmatten in Küstengebieten. Wie kommt es zu dieser Entwicklung, und inwieweit werden das Ökosystem der Nordsee und seine Anwohner davon betroffen? Verursacht sind diese Probleme durch die Überdüngung, die zu einem verstärkten Wachstum verschiedener Meerespflanzen führt.

Pflanzen wachsen im Meer soweit das Licht reicht. Da die Nordsee ein relativ flaches Meer ist, dringt das Licht in vielen Bereichen bis zum Boden vor, so daß neben den im Wasser treibenden Mikroalgen (Phytoplankton) auch bodenlebende Mikro- und Makroalgen sowie Seegräser hier wichtig sind: Alle diese Pflanzen bilden die Nahrungsgrundlage im Ökosystem der Nordsee.

Phytoplankton

In den weiten Wassermassen der Nordsee leben freischwebende, mikroskopisch kleine Algen, die mit den Meeresströmungen treiben. Dieses Phytoplankton besteht hauptsächlich aus Kieselalgen (Diatomeen), Dinoflagellaten und der Schaumalge Phaeocystis. Die gelbgrüne bis bräunliche Färbung der Algenzellen entsteht durch Pigmente, in denen Lichtenergie eingefangen und zum Aufbau körpereigener Substanz durch die Photosynthese genutzt wird. Bei ruhigem Wasser und guter Versorgung mit Licht und Nährstoffen kann sich das Phytoplankton massenhaft entwickeln, man spricht dann von „Planktonblüten". In ihrer Bezeichnung zeigt sich schon das Charakteristikum der Kieselalgen, nämlich die verkieselte Zellhülle. Sie ist wie eine Schachtel zweiteilig mit Ober- und Unterschale aufgebaut.

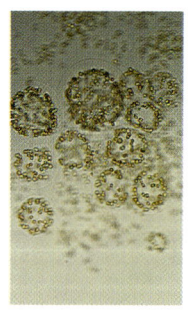

Kugelförmige Kolonien der Schaumalge Phaeocystis

Schaumstreifen am Strand entstehen, wenn der Schleim der Schaumalge
von den Brandungswellen „aufgeschlagen" wird.

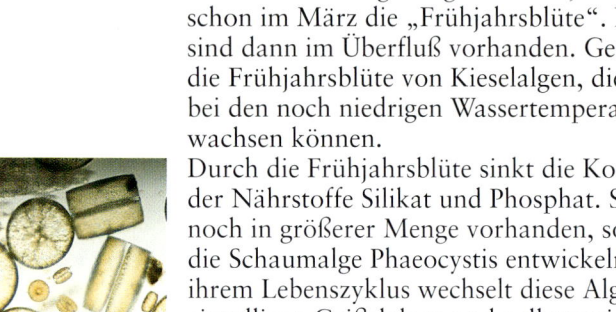

In der Nordsee und im Wattenmeer folgt das Phytoplankton einem jahreszeitlichen Ablauf. Gegen Ende des Winters, sobald die Stürme an Kraft verlieren und die Tage länger werden, bildet sich schon im März die „Frühjahrsblüte". Nährstoffe sind dann im Überfluß vorhanden. Gebildet wird die Frühjahrsblüte von Kieselalgen, die optimal bei den noch niedrigen Wassertemperaturen wachsen können.

Durch die Frühjahrsblüte sinkt die Konzentration der Nährstoffe Silikat und Phosphat. Stickstoff ist noch in größerer Menge vorhanden, so daß sich die Schaumalge Phaeocystis entwickeln kann. In ihrem Lebenszyklus wechselt diese Alge zwischen einzelligen Geißelalgen und gallertartigen Zellkolonien. Phaeocystis kann über lange Zeit als bewegliche Geißelalge leben.

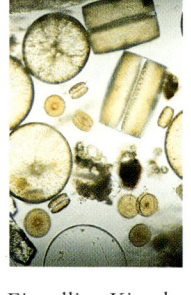

Einzellige Kieselalgen (Diatomeen) bilden den Hauptbestandteil des Frühjahrsplanktons.

Wenn bestimmte Licht-, Temperatur- und Nährstoffbedingungen eintreten, wird die Koloniebildung ausgelöst. Die Zellen verlieren ihre Geißeln, damit ihre Beweglichkeit, und scheiden gallertartige, langkettige Zuckerverbindungen ab, die, zunächst an winzigen Partikeln angeheftet, wie Borsten wirken. Dadurch entstehen kugelförmige Kolonien, die bis zu fünf Millimeter groß werden, frei treiben und in denen die durch Teilung neu entstehenden Zellen eingeschlossen bleiben.

Durch die Wasserbewegung werden die Kolonien länglich verformt oder in kleinere Flocken zerrissen.

Der Schleim von Phaeocystis besteht aus sauren, schwefelhaltigen Ketten von Vielfachzuckern. Wenn er gegen Ende einer sehr starken Phaeocystis-Blüte durch Wind und Wellen aufgeschlagen wird, entsteht der Algenschaum, der sich an den Stränden zu Bergen aufstauen kann. Dieser Schaum ist für den Menschen unschädlich, er kann aber durch den beim Zerfall frei werdenden Schwefel zu Geruchsbelästigung führen.

Die Phaeocystis-Blüte endet, wenn die Nährstoffe, insbesondere Stickstoff, aufgezehrt sind oder die Temperatur nicht mehr optimal ist. Die Einzelzellen bilden wieder Geißeln aus, werden beweglich und verlassen die Kolonie. Sie leben frei im Wasser, bis die Bedingungen für eine Koloniebildung wieder günstiger sind.

Algenschaum wird schon seit wenigstens hundert Jahren immer wieder beobachtet. In den letzten Jahrzehnten ist er aber vermehrt aufgetreten, und Phaeocystis ist in das Algenfrühwarnsystem an der Küste aufgenommen worden. Durch die Überdüngung der Nordsee haben die Dauer und die Intensität der Phaeocystis-Blüten zugenommen. Beim Abbau der Algenmassen, bei dem sehr viel Sauerstoff verbraucht wird, kann es zu Sauerstoffproblemen im Boden kommen.

Nach dem Abklingen der Phaeocystis-Blüte im Sommer treten wieder vermehrt Kieselalgen auf. Eine Besonderheit des Wattenmeeres besteht darin, daß hier – im Gegensatz zur offenen Nordsee – auch Arten wichtig sind, die zeitweise am Boden leben. Die Kieselalge Odontella rhombus etwa lebt den größten Teil des Jahres am Boden in einigen Metern Wassertiefe, wohin nur sehr wenig Licht gelangt. Durch die ersten Stürme im August/September kann sie an der Wasseroberfläche kurzzeitig eine „Blüte" bilden.

Im Sommer und Herbst treten vermehrt Dinoflagellaten im Plankton auf. Sie zeichnen sich dadurch aus, daß bei ihnen nicht nur rein pflanzliche Arten zu finden sind, die sich durch Photosynthese ernähren, sondern auch solche, die andere Algen oder sogar Kleinsttiere als Nahrung aufnehmen. So ein Allesfresser ist der Hauptverursacher des Meeresleuchtens: der Einzeller Noctiluca scintillans. Etwa alle drei Jahre tritt in der Nordsee eine Massenvermehrung von Noctiluca auf, wodurch das Wasser rötlich verfärbt wird. Noctiluca nimmt mit der Nahrung Pigmente auf, die zu dieser Färbung führen. Im bewegten Wasser, wie dem Wellenschlag am Strand, kann man an Sommerabenden ein bläuliches Licht aufblitzen sehen, das durch ein spezielles Enzymsystem in Noctiluca entsteht. Wenn sich Noctiluca auf dem Wattboden absetzt, sieht man dies als rötliches, flockiges Material mit bloßem Auge. Diese Stoffe sind für den Menschen unschädlich.

Mit den Herbststürmen ist die Planktonsaison in der Nordsee beendet, bis sie im Februar/März des nächsten Jahres wieder neu beginnt.

Bodenlebende Mikroalgen

Je flacher das Wasser von der Nordsee zum Wattenmeer hin wird, desto mehr Sonnenlicht dringt bis zum Boden vor. Bei Ebbe sind weite Bereiche der Wattflächen dem vollen Licht ausgesetzt. Hier kann sich eine artenreiche Flora mit speziell ans Bodenleben angepaßten Mikroalgen entwickeln, das sogenannte Mikrophytobenthos. Bisher sind 635 Arten benthischer Mikroalgen gefunden worden, aber sicher sind längst noch nicht alle entdeckt. Die größte Gruppe bilden, wie im Phytoplankton, die Kieselalgen. Zusätzlich kommen einige Blaualgen (Cyanobakterien) und Geißelalgen vor.

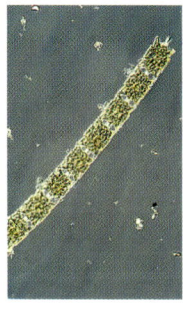

Eine häufige Kieselalge im Frühjahrsplankton: Odontella aurita, die fadenartige Ketten bildet

Benthische Mikroalgen wachsen auf den verschiedensten festen Oberflächen, nicht nur auf Sedimenten, sondern auch auf größeren Pflanzen wie Seegräsern und Großalgen. In sandigen Bodenbereichen leben besonders viele kleine Kieselalgen

festgeheftet auf Sandkörnern, während in schlickigen Böden größere, frei bewegliche Arten über-
wiegen.
Die Größenskala der benthischen Kieselalgen
reicht von einem hundertstel bis zu ca. einem hal-
ben Millimeter. Im Vergleich zu den auf dem Land
wachsenden Pflanzen entspricht dies dem Unterschied zwischen einer zehn Zentimeter kleinen
Pflanze und einem fünf Meter hohen Baum.
Die wandernden Kieselalgen gleiten auf einem
von ihnen abgegebenen Schleim frei zwischen den
Sandkörnern hindurch. Bei Ebbe wandern sie auf
die Sedimentoberfläche, wo sie das Licht für die
Photosynthese nutzen können. Die von den Kieselalgen gebildeten schleimartigen Substanzen verkleben die Sandkörnchen nur schwach und sorgen
für eine leichte Verfestigung der Sedimente, die
bei starkem Wind und Wellen jedoch nicht aus-
reicht: Dann werden sowohl die Kieselalgen als
auch die Sand- und Schlickkörner aufgewirbelt.
Die bodenlebenden Mikroalgen sind sehr gut an
schwankende Umweltbedingungen wie Salzgehalt,
Sonnenstrahlung und Temperatur angepaßt. So
können sie selbst im Winter schon unter dem Eis
dicke Zellschichten bilden.
Bodenlebende Mikroalgen reagieren auf die Überdüngung der Nordsee – ähnlich wie das Phytoplankton – mit verstärktem Wachstum. Außerdem
ist ihre Artenvielfalt in wenig belasteten Gebieten
wesentlich größer als in überdüngten Sedimenten.

Großalgen

Großalgen benötigen zum Wachstum einen festen
Untergrund, an dem sie sich anheften können.
Daher finden wir die größte Vielfalt in der Deut-
schen Bucht mit ca. 180 Arten bei Helgoland. Auf

felsigem Grund wachsen sie von der obersten Gezeitenzone bis hin in ständig überflutete Tiefen (Sublitoral). Die ersten, sehr widerstandsfähigen Meeresalgen sind schon in der Spritzwasserzone zu finden. In der regelmäßig überfluteten Gezeitenzone (Eulitoral) wachsen zahlreiche Großalgen, unter denen die bekannten Braunalgen wie Blasentang (Fucus vesiculosus), Sägetang (Fucus serratus), der spiralige Fucus spiralis und der Knotentang Ascophyllum nodosum die Grundstruktur der Algengemeinschaft bilden. Hierin eingebettet sind eine Vielzahl von Grün- und Rotalgen. Im Sublitoral bilden die großen Tange üppige Wälder. Der Zuckertang Laminaria saccharina und der Fingertang Laminaria digitata wachsen bis etwa eineinhalb Meter unterhalb der Niedrigwasserlinie, während sich bis vier Meter Tiefe Laminaria hyperborea anschließt, die bei Helgoland sogar bis acht Meter unter der Niedrigwasserlinie wachsen kann. In diese Bereiche dringt nur noch wenig Sonnenlicht vor, und die begleitende Flora im Sublitoral reicht vom artenreichen oberen Bereich bis hin zu wenigen Spezialisten in der Tiefe.

Im Wattenmeer um Sylt sind 65 Arten von Großalgen gefunden worden, von denen viele aber nur selten vorkommen. Weit verbreitet sind hingegen die lappenförmigen Grünalgen der Gattungen Ulva und die schlauchförmigen Fäden von Enteromorpha, die auf größeren Sandkörnern, Schnecken- oder Muschelschalen und anderen festen Substraten auskeimen. Wenn die Algen größer werden, reißen sie leicht von ihrer Unterlage ab und driften durch das Wattenmeer, wobei sie weiterwachsen. Die Grünalgen können aber auch festgehalten werden, z.B. durch die Aktivität des Wattwurms, in dessen Freßtrichter sich die

Blasentang ist eine häufige Großalge in der oberen Gezeitenregion. Er sie delt sogar im Wattenschlick, wenn sich dort ein Stein zum Festheften findet (oben), und bildet auf Pfählen dichte Bestände (links).

Algen sammeln und mit dem Sand im Freßgang „eingepflanzt" werden.

Durch Überdüngung haben die Grünalgen stark zugenommen. In der ersten Hälfte des Jahrhunderts waren im Wattenmeer nur wenig Grünalgen zu finden. Seit Ende der 50er Jahre wurde im niederländischen Wattenmeer eine Zunahme beobachtet, seit den 70er Jahren auch in den nördlicheren Gebieten. Unter dicken Algenmatten stirbt ein Teil der Algen ab, der Sauerstoffverbrauch steigt an, und giftiger Schwefelwasserstoff entweicht (vergl. S. 65). Auch Nährstoffe aus dem Abbau organischer Substanzen werden freigesetzt, durchdringen die Algenmatte und fördern das Wachstum in ihren oberen Schichten.

Außer Grünalgen ist im Wattenmeer der auf Muschelbänken wachsende Blasentang (Fucus vesiculosus) häufig vertreten. Er bildet hier eine besondere, blasenfreie Wuchsform aus und heftet sich nicht selbst fest, sondern wird von Miesmuscheln mit ihren Byssusfäden festgesponnen. Diese Gemeinschaft kommt nur in natürlichen Muschelbänken vor, wo die Algen genügend Licht erhalten. Mit dem Abfischen der trockenfallenden Muschelbänke ist der Blasentang aus dem niederländischen Küstengebiet fast verschwunden.

Auch die Rotalgen sind im Wattenmeer stark zurückgegangen. Noch in den 30er Jahren waren Rotalgen hier bis in acht Meter Wassertiefe auf Austernbänken, Sandkorallenriffen und in Seegraswiesen zu finden. Heute sind sie wahrscheinlich durch Lichtmangel im trüben Wasser verschwunden. Die Überdüngung hat also zu einer Zunahme von schnellwüchsigen, einjährigen Arten geführt, während anspruchsvollere, langlebige Arten immer seltener werden.

Großalgen werden schon seit langem wirtschaft-

lich genutzt. Im Europa des 17. Jahrhunderts wurden aus Algen Pottasche (Kalziumkarbonat) und Soda (Natriumkarbonat) für die Glas- und Seifenindustrie gewonnen. Diese Methode wurde dann ab 1810 durch industrielle Verfahren abgelöst. Weiterhin gewann man aber Jod aus Algen, bis auch dies durch andere Quellen, den Chilesalpeter, überflüssig wurde. Heute dienen Großalgen zur Herstellung gelbildender und viskoser (zähflüssiger) Stoffe wie Agar, Carrageenan oder Alginate. Sie finden Anwendung in der Mikrobiologie, bei der Herstellung von Tablettenkapseln sowie bei der Produktion von Kosmetika.
Als Nahrungsmittel haben Großalgen in Asien eine lange Tradition. Aber auch in Europa werden sie als Zusatzmittel, z. B. zu Speiseeis, Puddings, Joghurts, Fruchtsäften oder in Diätnahrung verwendet. Vermutlich ist ihr Nutzungspotential noch lange nicht ausgeschöpft.

Seegräser

Seegraswiesen bilden eine ökologisch sehr wertvolle Gemeinschaft im Wattenmeer. Zwischen den Blättern entstehen strömungsgeschützte Räume, in denen sich organische und anorganische Partikel ablagern. Dadurch entwickelt sich eine artenreiche pflanzliche und tierische Lebensgemeinschaft, die vom Schutz und dem Nahrungsreichtum in diesem Bereich profitiert. Im Herbst bilden Seegräser eine wichtige Nahrungsgrundlage und Energiequelle für Ringelgänse und Pfeifenten auf ihrem Zug von Norden in ihre Winterquartiere. Seegräser sind die einzigen Blütenpflanzen, die ins Meer vorgedrungen sind. Im Wattenmeer sind zwei Arten beheimatet, das Zwergseegras Zostera noltii und das große Seegras Zostera marina. Bis in die 30er Jahre hinein waren entlang der gesamten Wattenmeerküste von den Niederlanden bis nach Dänemark große Bestände an Seegräsern vorhanden. Sie wuchsen sowohl auf den trockenfallenden Wattflächen als auch in den tieferen, stets überfluteten Bereichen und wurden wirtschaftlich als Füllung für Matratzen und Isolationsmaterial in Hauswänden genutzt.

In den 30er Jahren wurde eine Pilzerkrankung (Labyrinthula) aus Amerika eingeschleppt, welche die gesamten Wiesen des großen Seegrases im Sublitoral vernichtete. Im Eulitoral überlebten nur kleine Restbestände des großen Seegrases, während das Zwergseegras nicht von diesem Pilz betroffen war. Warme Sommer und milde Winter hatten wohl den Ausbruch der Krankheit begünstigt.

Die sublitoralen Seegraswiesen haben sich im Wattenmeer nie wieder entwickelt, erholten sich aber auf den Wattflächen bis in die 60er Jahre hinein. Danach ist ein erneutes Seegrassterben eingetreten, das allerdings nicht auf eine Krankheit, sondern wahrscheinlich auf menschlichen Einfluß zurückzuführen ist. Seegräser reagieren nämlich empfindlich auf jede Verschlechterung der Umweltbedingungen, sei es Überdüngung des Meeres oder Trübung des Wassers. In den Niederlanden und in Niedersachsen sind sie bis auf wenige Quadratkilometer fast verschwunden. Die größten intakten Seegraswiesen sind noch im schleswig-holsteinischen Wattenmeer zu finden, im Sylt-Röm-Gebiet bedecken sie zwölf Prozent der Wattflächen. Dort geben sie einen Eindruck davon, welche Vielfalt es einmal an der gesamten Wattenmeerküste gegeben hat.

Oben: Intakte Seegraswiesen finden sich noch im schleswig-holsteinischen Wattenmeer. Gemeine Strandschnecken weiden den Bewuchs von den Seegrasblättern ab.
Links: Das Echte Seegras (Zostera marina) und das Zwergseegras (Zostera noltii) zum Vergleich

Winzige Überlebenskünstler: leistungsfähige Bakterien
Gerhard Rheinheimer

Bakterien sind mit dem bloßen Auge nicht zu erkennen. Doch sie sind auch an der Nordseeküste überall, oft sogar in riesigen Mengen, vorhanden. Sie finden sich in Wasser und Boden, auf Steinen und Pflanzen, in Tieren und Menschen. Wir alle fürchten sie als Krankheitserreger, aber über ihre vielfältigen Leistungen in der Natur wissen wir meist nur wenig. Dabei spielen sie durch den Abbau von Schmutz- und Giftstoffen eine entscheidende Rolle bei der Selbstreinigung der Gewässer. Es gibt nur wenige Stoffe, die sie unter geeigneten Bedingungen nicht abzubauen vermögen. Bei Sauerstoffmangel bilden spezialisierte Mikroben im Nordseeschlick Methan und Schwefelwasserstoff, und andere können diese Verbindungen mit Hilfe von Sauerstoff wieder zerstören. Besonders im Watt finden sich ungeheure Massen von Bakterien mit den unterschiedlichsten Fähigkeiten, die ihnen gewaltige stoffliche Umwandlungsprozesse ermöglichen. Durch ihre Tätigkeit entstehen z. B. die schwarzen Flecken, auf die wir noch zurückkommen, und Treibhausgase, die das Klima beeinflussen.

Bau und Lebensweise von Bakterien

Untersucht man eine Wasserprobe mit dem Mikroskop bei 1000facher Vergrößerung, sieht man die Bakterien als sehr einfach gebaute einzellige Organismen. Sie haben die Form von Kügelchen, geraden und gebogenen Stäbchen oder Spiralen. Einige davon flitzen mit großer Geschwindigkeit durch das Gesichtsfeld. Dazu werden sie durch feine Geißeln befähigt, die nur durch besondere Färbungen oder mit Hilfe des Elektronenmikroskops sichtbar werden.
Seltener kommen stern-, ring-, faden- oder band-

und stielförmige Arten vor. Die meisten Bakterien haben eine Größe von etwa 0,1 bis 5 Mikrometer (tausendstel Millimeter), doch bestehen insgesamt erhebliche Größenunterschiede. Die Bakterien besitzen keinen echten Zellkern, was sie nur mit den Blaualgen, den Cyanobakterien, gemeinsam haben.

Die überwiegende Mehrzahl der Bakterien lebt von organischer Substanz, die von Pflanzen und Tieren produziert wird (heterotrophe Bakterien). Nur sehr wenige Arten können ihre Energie durch die Oxidation von anorganischen Verbindungen wie Ammoniak, Nitrit, Schwefelwasserstoff oder Eisen-II- und Mangan-II-Verbindungen gewinnen. Diese sogenannten chemoautotrophen Bakterien weisen nur eine geringe Artenvielfalt auf, spielen jedoch eine wichtige Rolle in den Kreisläufen von Stickstoff, Schwefel, Eisen und Mangan.

Die zur Photosynthese befähigten photoautotrophen Bakterien lassen sich an ihren grünen oder purpurroten Pigmenten erkennen. Auch sie kommen nur in relativ geringer Artenzahl vor. Sie können sich aber an geeigneten Stellen im Küstenbereich in Massen entwickeln, so daß derartige Plätze grün oder rot gefärbt erscheinen.

Die im Meer und seinen Randgebieten lebenden Bakterien unterscheiden sich von denen der Binnengewässer dadurch, daß sie salzliebend (halophil) oder salztolerant sind, also Salz zu ihrer Entwicklung benötigen oder ohne Beeinträchtigung vertragen.

Sandstrände als ökologische Nischen

Die Sandstrände an der Nordseeküste sind für Pflanzen und Tiere extreme Lebensräume, die in hohem Maße den Einwirkungen der See sowie von Sonne, Wind und Regen ausgesetzt sind. Bakterien sind die einzigen Lebewesen, die die oberste Schicht des Strandsandes besiedeln können. Es handelt sich um Formen, die mit dem Sand austrocknen, wobei ihre Lebenstätigkeit fast vollständig zum Stillstand kommt. In diesem Zustand können die Bakterien lange Zeit, wenn nötig sogar viele Jahre, verharren. Nach Wiederbefeuchtung des Sandes durch Regen oder Überflutung entwickeln sie sich dann normal weiter. Der Bakteriengehalt des Sandstrandes ist vor allem von der Konzentration verwertbarer organischer Substanz abhängig. Diese stammt großenteils vom Anwurf der Nordsee, der vorwiegend aus pflanzlichem und tierischem Material besteht. Die Gesamtbakterienzahlen bewegen sich zwischen 100 Millionen und mehreren Milliarden pro Kubikzentimeter Sand. Eine besonders aktive Bakteriengruppe sind die Saprophyten, die eine große Bedeutung für die Selbstreinigung von Wasser und Sediment haben. Ihre Zahlen liegen meist zwischen mehreren Tausend und vielen Millionen in einem Kubikzentimeter Sand. Unter den Anwurfstreifen sind ihre Werte am höchsten, denn dort sind Nährstoff- und Feuchtigkeitsgehalt besonders hoch und damit die Bedingungen für die Entwicklung besonders günstig. Im Sandstrand existiert der größte Teil der Bakterien als Aufwuchs auf den Sandkörnern, während sich im Porenwasser meist weniger als zehn Prozent aufhalten. In Sandsedimenten unter der See sind es dagegen bis zu 50 Prozent. Die Anheftung der Bakterien an die Sandkörner erfolgt oft durch Schleimausscheidungen oder Zellanhänge. Die zahlreichen Badegäste, die im Sommer die Strände besuchen, beeinflussen in nicht geringem Maße auch die Menge und Aktivitäten der

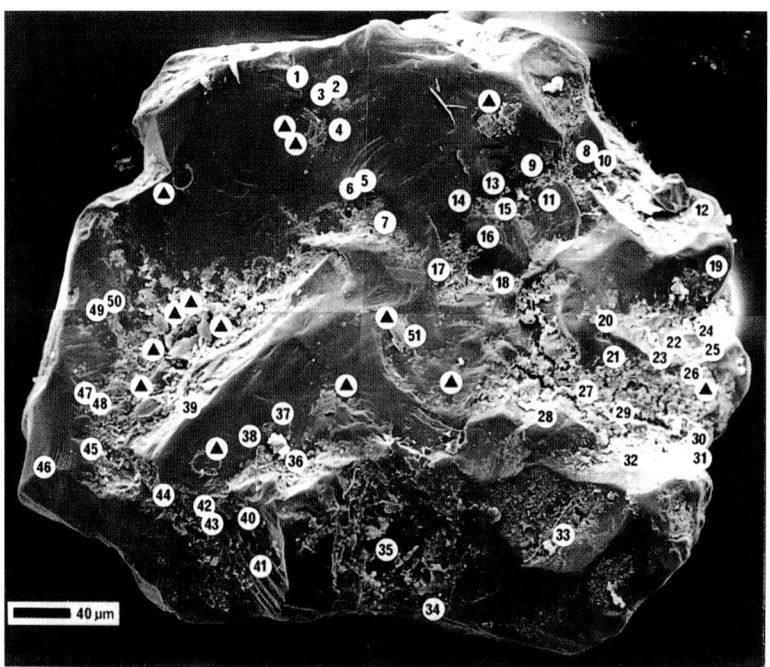

„Landkarte" eines fünf Millimeter großen Sandkorns, die mit dem Raster-
elektronenmikroskop hergestellt wurde. Die Zahlen zeigen die Standorte
von Bakterien und die Dreiecke die von Kieselalgen. Sie finden sich vor
allem in Vertiefungen und Löchern. Die Buckel und die Kanten sind weitgehend frei von Mikroorganismen, denn diese werden durch Sandbewe-
gungen hier schnell abgerieben.

Mikroorganismen des Sandes. Untersuchungen in verschiedenen Badegebieten von Nord- und Ostsee zeigen, daß sowohl die Saprophyten- und Colibakterien-Zahlen als auch die Anzahl der Hefepilze in stark besuchten Bereichen deutlich höher sind als in den weniger frequentierten Abschnitten. Die höchsten Werte fanden sich z. B. bei einem Kiosk, in dem Speisen und Getränke verkauft werden, sowie auf häufig begangenen Strandpfaden und in Strandburgen. Die erhöhten Bakterienzahlen sind u. a. auf Speisereste zurückzuführen, die von den Bakterien leicht aufgenommen und durch deren Vermehrung schneller abgebaut werden. Die Bakterien haben also eine wichtige Funktion bei der Reinigung der Strände wie auch des Seewassers.

Auf der anderen Seite finden sich an Plätzen, wo sich viele Leute aufhalten, oft höhere Colizahlen. Die Colibakterien sind Darmbewohner von Menschen und Haustieren, die mit Fäkalien z. B. von Kleinkindern und Hunden in den Sand gelangen. Sie sind zwar meist harmlos; wo sie aber in größeren Mengen vorkommen, können auch Krankheitserreger vorhanden sein. Die Befeuchtung des Sandes bei Regen fördert durch Herabsetzung des Salzgehaltes die Entwicklung von terrestrischen (in der Erde lebenden) Bakterien und verlängert auch die Überlebensdauer von Darmbakterien. Eine vorübergehende Überflutung des Strandes bewirkt dagegen eine Zunahme der salzliebenden Meeresbakterien und einen Rückgang der terrestrischen Formen sowie der Darmbakterien. Die Überflutung hat also in hygienischer Hinsicht eine sehr wirksame Reinigungsfunktion.

Sauerstoffzehrung im Watt

Sandwatt und Schlickwatt unterscheiden sich
nicht nur durch die Größe der Teilchen, aus denen
sie bestehen, sondern auch durch den Gehalt an
organischen Stoffen, die den Bakterien als Nahrung dienen können. Während sich im groben
Kies kaum organisches Material befindet, enthält
der Sand ein bis eineinhalb Prozent, schlickiger
Sand im Durchschnitt vier Prozent und Schlick
etwa zehn Prozent. Daher können sich im Schlickwatt besonders viele Bakterien entwickeln. Ihre
Gesamtzahlen betragen zumeist viele Milliarden
pro Kubikzentimeter. Sie nehmen Eiweiß, Kohlen-
hydrate und andere Stoffe auf. Ein Teil dieses
organischen Materials wird zum Aufbau ihrer
Körpersubstanz verwendet, so daß die Bakterien
wachsen und sich durch Teilung vermehren können. Der andere Teil dient den Mikroben zur
Gewinnung von Energie für ihre Lebensprozesse.
Dazu werden die Nährstoffe mit Hilfe von Sauerstoff oxidiert und bei günstigen Bedingungen bis
zu den Ausgangsstoffen Kohlendioxid, Wasser
und einigen anorganischen Salzen abgebaut. Es
erfolgt also eine Remineralisierung der organischen Substanz – mit der Folge, daß die lebenswichtigen Elemente, vor allem Stickstoff und
Phosphor, immer wieder in den Lebensraum
zurückgeführt werden und von neuem den grünen
Pflanzen zur Produktion von organischer Substanz dienen, die dann zum Teil von Tieren gefressen wird.
Zur Oxidation der organischen Stoffe benötigen
die Bakterien große Mengen von Sauerstoff. So
herrscht im Schlickwatt schon unter einer dünnen
Oberflächenschicht Sauerstoffmangel. Sogenannte
obligat aerobe Bakterien, die unbedingt molekula-

ren Sauerstoff für ihre Lebensprozesse benötigen, können deshalb hier nicht mehr gedeihen. Die Mehrzahl der Bakterien vermag jedoch ihren Stoffwechsel umzustellen und den in den meisten chemischen Verbindungen enthaltenen Sauerstoff zu nutzen. Man nennt diese Mikroben fakultativ anaerob. Sie spielen eine große Rolle bei den gewaltigen Umwandlungsprozessen, besonders im Schlickwatt. Eine vollständige Remineralisierung kann allerdings in der Regel nur mit Hilfe von freiem (molekularem) Sauerstoff erfolgen. Die leicht angreifbaren Stoffe wie Eiweiß, Zucker, Stärke u. ä. werden auch bei Sauerstoffmangel abgebaut – doch die widerstandsfähigeren Substanzen, wie z. B. Zellulose und Lignin, reichern sich im Schlick an.

Bildung und Zerstörung von Schwefelwasserstoff

Gräbt man ein Loch im Schlickwatt, stößt man dicht unter der grauen, fettig glänzenden Oberfläche auf eine durch Schwefeleisen schwarz gefärbte Zone. Etwas tiefer nimmt man oft einen üblen Geruch nach faulen Eiern wahr, der durch Schwefelwasserstoff verursacht ist. Weniger ausgeprägt zeigt sich diese Erscheinung auch im schlickigen Sandwatt und sogar unter reinem Sand an Stellen, an denen Anwurf aus Pflanzen und toten Meerestieren zusammengespült und übersandet wurde. Durch die rege Bakterientätigkeit verschwindet der Sauerstoff vollständig, und es entstehen anoxische (sauerstofffreie) Zonen. Hier wird durch den Abbau von Eiweißstoffen (Eiweißfäulnis) und die bakterielle Sulfatreduktion Schwefelwasserstoff (H_2S) gebildet, ein Gas, das nur in sauerstofffreiem Milieu beständig bleibt.

Schwefelwasserstoff ist ein schweres Atemgift, das bei Menschen und Tieren tödlich wirkt. Daher hat das Auftreten von H_2S eine völlige Änderung der Lebensgemeinschaft zur Folge. Die meisten Organismen sterben allmählich ab, und neben wenigen schwefelwasserstofftoleranten Mikroben entwickelt sich eine Reihe von Bakterien, die H_2S als Energiequelle verwenden. Ist genügend Licht vorhanden, können sich auch Schwefelpurpur- und Chlorobakterien entwickeln, die – anders als normale grüne Pflanzen – nicht zur Spaltung von Wasser in der Lage sind, sondern statt dessen H_2S verwenden. Es entsteht also ein extremer Lebensraum mit einer artenarmen Gemeinschaft von Mikroben, der als Sulphuretum bezeichnet wird. Schwefelwasserstoff reagiert sehr schnell mit Sauerstoff und mit Schwermetallen. Mit Eisen bildet sich Schwefeleisen (Eisensulfid), das als schwarzer Schlamm ausfällt und so den Faulschlamm bildet. Dieser entsteht vielfach auch dort, wo Abwässer mit hohem Gehalt an organischen Schmutzstoffen über die Flüsse oder direkt ins Meer gelangen. Meist wird ein relativ kleiner Teil des Schwefelwasserstoffs durch den Abbau von Eiweißstoffen gebildet. Eine größere Rolle spielt im Bereich des Meeres die Reduktion (Sauerstoffentzug) von Sulfat, das im Meerwasser reichlich vorhanden ist. Da hierbei H_2S in die Luft entweicht und somit dem Lebensraum entzogen wird, wird der Prozeß Desulfurikation genannt, und die Bakterien, die zur Reduktion in der Lage sind, heißen Desulfurizierer. Sie können sich nicht in Gegenwart von Sauerstoff entwickeln und bedienen sich der Sulfatatmung.
Normalerweise kommt der Schwefelwasserstoff im Watt nicht an die Oberfläche und kann daher auch nicht in die Luft gelangen; denn in der sauer-

stoffhaltigen Zone haben sich Bakterien angesiedelt, die H_2S oxidieren und über mehrere Zwischenprodukte wieder in Sulfat verwandeln. Man nennt diesen Prozeß Sulfurikation. Zur Oxidation von Schwefelwasserstoff und anderen oxidierbaren Schwefelverbindungen sind vor allem einige chemoautotrophe Bakterienarten befähigt, die einen Teil der dabei gewonnenen Energie zum Aufbau von organischer Substanz verwenden. Soweit genügend Licht vorhanden ist, können sich stellenweise auch photoautotrophe Purpur- und Chlorobakterien entwickeln und Schwefelwasserstoff zu Schwefel oder Sulfat oxidieren.

Die größte Verbreitung haben aber die Thiobazillen. Neben den obligat aeroben gibt es auch fakultativ anaerobe Arten, die nicht nur Schwefelwasserstoff mit freiem Sauerstoff, sondern auch mit dem im Nitrat (NO_3) gebundenen Sauerstoff oxidieren können und sowohl zur Sauerstoffatmung als auch zur Nitratatmung befähigt sind. Die Art Thiobacillus denitrificans kann aus dem im Wasser gelösten Nitrat gasförmigen Stickstoff freisetzen, der aus dem Lebensraum der Bakterien in die Luft entweicht. Diese Denitrifikation stellt eine Parallele zur Desulfurikation dar. Thiobacillus denitrificans ist im sauerstoffhaltigen und im sauerstofffreien Milieu zur Schwefelwasserstoffoxidation in der Lage. Er ist ein besonders gutes Beispiel dafür, zu welchen unglaublichen biochemischen Leistungen manche Bakterien befähigt sind. Sie können innerhalb kurzer Zeit riesige Lebensräume vollständig verwandeln.

Schwarze Flecken: ein neues Phänomen im Watt

In der sauerstoffhaltigen Oberflächenschicht, die im Schlickwatt hellgrau, im Sandwatt meist gelb ist, werden immer wieder kleinere schwarze Flecken beobachtet. Früher fanden sie sich nur gelegentlich an Prielrändern, seit den 80er Jahren entwickelten sich aber solche schwarzen Flecken in größerem Umfang. Sie traten zwar hauptsächlich in den Monaten Mai bis Juli auf, fanden sich aber teilweise auch im Winter. Anfangs waren sie noch ziemlich klein. Ab 1989 nahm ihre Zahl jedoch ständig zu, und sie erreichten Dimensionen von mehreren Quadratmetern. Im Laufe des Jahres 1996 erreichten sie ein solches Ausmaß, daß sie erhebliche Unruhe in der Öffentlichkeit auslösten. Die schwarzen Flecken dehnten sich jetzt stellenweise bis zur Größe von mehreren hundert Quadratmetern aus. Schwefelwasserstoff trat in die Luft aus und gelangte auch in das Tidenwasser. Außerdem entwickelten sich Methanblasen und Lachgas (N_2O). Während sich im sauerstoffhaltigen Oberflächenbereich normaler Wattenflächen eine charakteristische Pflanzen- und Tierwelt entwickelt, verschwindet diese im Bereich schwarzer Flecken fast vollständig, und es verbleiben nur noch angepaßte Bakterienarten. Im folgenden Jahr gingen die schwarzen Flecken wieder deutlich zurück, und Flora und Fauna regenerierten sich.

Wie so häufig gibt es auch für dieses Phänomen offenbar verschiedene Ursachen. Grundsätzlich dürften die schwarzen Flecken aber auf eine Zunahme von organischer Substanz zurückzuführen sein, die verstärkte Bakterientätigkeit und entsprechend erhöhte Sauerstoffzehrung zur Folge hat. Das Auftreten von schwarzen Flecken auch

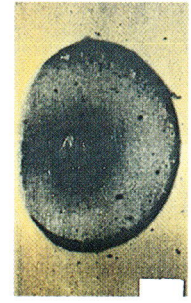

Oben: Etwa handflächengroßer schwarzer Fleck im Wattboden mit Schwefelbelag Unten: Vertikalschnitt durch einen solchen Fleck. Im Zentrum befindet sich eine Muschel in Zersetzung.

im Sandwatt erschien zunächst rätselhaft. Untersuchungen zeigten, daß es im Sandwatt durchaus begrenzte Anreicherungen von organischem Material gibt. So kommt es seit einigen Jahren im Spiekerooger Watt zur Massenentwicklung von Grünalgen. Diese werden übersandet, und es erfolgt eine kräftige bakterielle Schwefelwasserstoffbildung. Der Schwefelwasserstoff gelangt bald in die Oberflächenschicht und reagiert mit dem Sauerstoff. Dieser verschwindet in wenigen Wochen, und es entstehen durch Ausfällung von Schwefeleisen schwarze Flecken.

Das außerordentlich starke Auftreten schwarzer Flecken im Jahr 1996 scheint eine Folge des vorausgegangenen langen und strengen Winters zu sein. Durch Eisbewegungen wurden die das Watt besiedelnden Tiere wie Muscheln, Schnecken, Würmer und Krebse regelrecht abrasiert, so daß sie weitgehend abstarben. So war eine große Menge von organischer Substanz vorhanden, deren bakterieller Abbau zu entsprechend starkem Sauerstoffverbrauch und dadurch zu Schwefelwasserstoffbildung führte.

Methan: Bildung eines Treibhausgases durch Bakterien

Von großer Bedeutung ist, besonders im Schlickwatt, die bakterielle Methanbildung. Methan ist der einfachste Kohlenwasserstoff und gehört zu den klimarelevanten Gasen, die für den Treibhauseffekt verantwortlich sind. Es wird bei anaerobem Abbau von organischer Substanz gebildet. Die methanbildenden Bakterien sind hochspezialisierte Mikroben, die sich nur bei völliger Abwesenheit von Sauerstoff entwickeln können, da dieser für sie ein tödliches Gift darstellt. Sie sind das

Endglied einer Nahrungskette. An deren Anfang stehen fakultativ anaerobe Bakterien, die Zellulose, Stärke, Fette und Eiweißstoffe über verschiedene Zwischenprodukte zu organischen Säuren und Alkoholen vergären. Häufig entstehen schließlich Essigsäure, Kohlendioxid und Wasserstoff, die dann den obligat anaeroben methanbildenden Bakterien als „Nahrung" dienen.
Dort, wo Methan in größeren Mengen unter Wasser erzeugt wird, sieht man oft große Gasblasen aufsteigen. Das Gas gelangt also direkt in die Luft. In der Atmosphäre wird es durch Einwirkung des Sonnenlichts zu Kohlendioxid oxidiert. Oft führt das Vorkommen von Methan zur Anreicherung von methanoxidierenden Bakterien, die Methan als Nahrung verwenden. Dabei verwandeln sie es in Kohlendioxid und Wasser. Auch diese Bakterien sind hochspezialisierte Mikroorganismen, die vielfach nur Methan und wenige verwandte Verbindungen nutzen können.

Bakterien als Helfer gegen die Ölpest

Schiffahrt, Öltransport und unterseeische Ölgewinnung führen immer wieder zur Verschmutzung der Küstengewässer und Badestrände. Man spricht dann oft von einer Ölpest. Bei der Reinigung spielen Bakterien eine wichtige Rolle. Während die wasserlöslichen Ölbestandteile meist sehr rasch von Mikroorganismen abgebaut werden, können Ölfladen und Ölteppiche nur sehr langsam von den Oberflächen her angegriffen werden. Der Abbau beschränkt sich auf die Grenzflächen von Öl und Wasser. Dünne Ölfilme verschwinden daher oft sehr schnell, besonders in der warmen Jahreszeit.
Rohöl, das etwa bei Tankerkatastrophen ins Meer

gelangt, verändert sich dort sehr rasch, hauptsächlich durch physikalische Prozesse. Nachdem die leichten Bestandteile innerhalb von ein bis zwei Wochen verschwunden sind, bleiben fast nur noch schwerflüchtige Bestandteile übrig. Sie vermischen sich mit dem Meerwasser zu einer braunen, breiartigen, auf der Wasseroberfläche schwimmenden Masse, die sinnigerweise als Chocolate Mousse bezeichnet wird. Diese enthält etwa 23 Prozent Schweröl, 4 Prozent feste Bestandteile und 73 Prozent Meerwasser und sinkt nach einigen Wochen größtenteils ab. Durch die Vermischung von Öl und Wasser werden die Angriffsmöglichkeiten der Bakterien erheblich verbessert. So enthielten Ölkügelchen aus der Nordsee, bei denen es sich um eine Wasser-in-Öl-Emulsion mit etwa 50 Prozent Wassergehalt handelte, 50 Millionen ölabbauende Bakterien in einem Milliliter – das umgebende Meerwasser enthielt dagegen nur 50 je Milliliter. Bei der Ölbekämpfung finden oft künstliche Emulgatoren Verwendung, die sich jedoch zum größten Teil als giftig erwiesen. Man strebt daher die Verwendung von natürlichen Emulgatoren, sogenannten Biotensiden, an, die von Mikroorganismen erzeugt werden.

Bei der Beseitigung der Ölpest an den Stränden spielen Bakterien ebenfalls eine Rolle. Dort, wo das Öl gut mit dem Sand vermischt ist, geht der Abbau in der warmen Jahreszeit rasch vonstatten. Größere Klumpen von bereits verharztem Öl sind allerdings viel schwerer anzugreifen, und es dauert viele Jahre, bis sie ganz verschwunden sind. Auf lange Sicht wird das ins offene Meer und an die Küsten gelangte Öl durch die Tätigkeit von Bakterien weitgehend abgebaut.

Die beschriebenen Beispiele zeigen, welche vielfäl-

Bakterien helfen zwar bei der Beseitigung der Ölpest, können aber nicht verhindern, daß nach Schiffskatastrophen Seevögel in großer Zahl verenden – wie im Herbst 1998 die Eiderenten am Strand der Nordseeinsel Amrum.

tigen Fähigkeiten und Funktionen Bakterien im Bereich der Meeresküsten besitzen. Sie sind überall gegenwärtig und können auf jede Veränderung der Umwelt schnell und nachhaltig reagieren. Einige vermögen unter den extremsten Bedingungen zu überleben, und viele vermehren sich bei günstigen Bedingungen explosionsartig. So vollbringen die winzigen Bioreaktoren gewaltige Leistungen, die sich für den Menschen und seine Umwelt sowohl positiv als auch negativ auswirken. Durch das Zusammenspiel verschiedener Bakterienarten können große Schmutzmengen beseitigt werden. Doch hat auch die Selbstreinigung ihre Grenzen, und bei zu starker Belastung produzieren spezialisierte Bakterien Giftstoffe und klimaschädigende Gase.

Ölbeseitigungsarbeiten auf dem vor Amrum gestrandeten und ausgebrann-
ten italienischen Holzfrachter „Pallas", der im Winter 1998/99 havarierte;
Unterstützung leistete die Hubplattform „Barbara". Das ausgetretene
Öl machte die besondere Gefährdung des Wattenmeeres in der Nähe viel-
befahrener Schiffahrtswege deutlich.

„Kinderstube" oder „heißes Pflaster" für Fische?
Rüdiger Berghahn und Peter Breckling

„Durch ungeheures Eierlegen verschafft der Fisch
sich Kindersegen; doch sind oft, eh' ein Jahr ver-
streicht, schon wieder Leichen, was er laicht …"
Diese Feststellung von Eugen Roth in seinem
Gedicht „Die Fische" trifft durchaus nicht auf alle
189 Fischarten zu, die allein im Bereich der deutschen Nordsee vorkommen und von denen mindestens 60 Arten auch im deutschen Wattenmeer
anzutreffen sind. Die einzelnen Fischarten reprä-
sentieren vielmehr ein sehr breites Repertoire an
Strategien, ihren Fortbestand zu sichern.

Macht's die Masse?

Die von Eugen Roth beschriebene Variante gilt
für die meisten Nordseearten, die gefischt werden
und das Wattenmeer z. T. als Aufwuchsgebiet nutzen, wie Hering, Sprotte, Scholle oder Seezunge.
Sie sind schon nach wenigen Jahren geschlechtsreif und setzen darauf, daß von den Abermilliar-
den an Eiern, die von den reifen Weibchen Jahr
für Jahr in den Laichgebieten ins Wasser abgege-
ben werden, möglichst viele von den Männchen
befruchtet werden. Danach geht es darum, daß
wenigstens ein paar hundert Millionen der aus
den Eiern schlüpfenden Larven die zwei großen
Hürden bis zur eigenen Geschlechtsreife über-
springen: Satt zu fressen zu haben und nicht
gefressen zu werden. Die Chance für einen starken Jahrgang ist dann gegeben, wenn der wesentlich durch die Wassertemperatur gesteuerte
Ablauf der Reifung der Geschlechtsorgane dazu
führt, daß die Fischlarven gerade dann aus dem Ei
schlüpfen, wenn das Nahrungsangebot saisonbe-
dingt optimal ist. Die zweite wichtige Voraussetzung für einen starken Jahrgang ist, daß die
Dauer des Schlüpfens aller Larven kurz und die

Dichte möglicher Räuber in dieser Zeit gering ist.
Es sind solche starken Jahrgänge, die bei diesen
Arten die Fischerei oft über Jahre hinaus ernäh-
ren.

Andere Arten, bei denen die Zahl der Nachkom-
men pro Weibchen sehr viel geringer ist, verfügen
über Anpassungsstrategien, die auf andere Weise
das Überleben eines möglichst großen Anteils der
neuen Generation sicherstellen sollen. So betrei-
ben Dreistachlige und auch Neunstachlige Stichlinge Brutpflege – im Gegensatz zu „Rabenmüt-
tern" wie den Schollen, Seezungen, Heringen oder
Dorschen, die ihre abgelaichten Eier völlig sich
selbst überlassen.

Die Tatsache, daß die Jungfische vieler Arten massenhaft im Wattenmeer auftreten, hat ihm das
Prädikat „Kinderstube für Fische" eingebracht.
Mit diesem populären Begriff wird allgemein eine
behütete Atmosphäre verbunden. Bei näherem
Hinsehen entpuppt sich das Wattenmeer allerdings als das Gegenteil. Es ist ein „heißes
Pflaster": Die Fische sind vor allem extremen
Wechseln in der Wassertemperatur, der Wasser-
strömung und im Salzgehalt (Regenfälle, Süßwas-
sereinträge über Flüsse) ausgesetzt. Rund 50 Prozent des Gebiets, nämlich die im Gezeitenrhythmus trockenfallenden Wattflächen, werden
zweimal täglich zur potentiellen Todesfalle für
Fische.

Zu den Räubern im tieferen Wasser treten im fla-
chen Wasser die Vögel hinzu. Verschiedene
Möwenarten durchkämmen bei Niedrigwasser die
Wattenpfützen nach Eßbarem. Neben diesen
Gefahren bietet das Wattenmeer aber auch
Gewinnchancen, vergleichbar einem Las Vegas für
Fische. Das Nahrungsangebot ist viel größer als in
der offenen See, und wärmeres Wasser bedeutet

schnelleres Wachstum. Je größer ein Fisch ist, desto weniger „Größere" gibt es, die ihn fressen können.

Vordringen ins Watt: ein Weg mit Hindernissen

Die Eier der sieben Plattfischarten Scholle, Flunder, Seezunge, Kliesche, Limande, Steinbutt und Glattbutt werden in jedem Frühjahr im etwa 20 bis 40 Meter tiefen Wasser vor dem Wattenmeer abgelaicht. Aus den Eiern schlüpfen, abhängig von der Wassertemperatur, nach einigen Tagen bis Wochen kleine, zweiseitig symmetrische Fischlarven, die im freien Wasser leben und zunächst noch von ihrem Dottersack zehren können. Bis der Dottersack verbraucht ist, müssen sie gelernt haben, selbständig tierisches Plankton aufzunehmen, sonst sind sie todgeweiht.
Diejenigen Larven, die nicht von Fischen oder anderen Feinden erbeutet werden, gelangen über die Wasserströmungen in den unmittelbaren Küstenbereich. Dieser Transport wird durch das Verhalten der Larven unterstützt, die sich im Rhythmus der Gezeiten bei auflaufendem Wasser (Flut) im freien Wasser aufhalten und bei ablaufendem Wasser (Ebbe) zu Boden sinken. Kliesen zeigen zwar eine Vorliebe für den Küstenbereich, der Übergang zum Bodenleben aber, der mit der Metamorphose zum Plattfisch einhergeht, ist offenbar in weiten Teilen der Nordsee möglich. Erst später wandert ein Teil der Jungfische auch ins Wattenmeer ein. Stein- und Glattbuttjungfische suchen bevorzugt die flachen Wasserbereiche entlang den Stränden vor dem Wattenmeer auf, wobei die Frage, ob in dieser Zeit auf- oder ablandiger Wind herrscht, einen Einfluß auf die Jahrgangsstärke zu haben scheint. Die Larven von

Schollen, Flundern und Seezungen und auch einige Stein- und Glattbuttlarven überwinden mit Hilfe des selektiven Gezeitentransports sogar die starken Ebbströme an den Toren zum Wattenmeer. Dabei richten sich die Tiere am Boden mit dem Kopf gegen das ablaufende Wasser aus und versuchen so, ihre Position zu halten und nicht abgeschwemmt zu werden. Schollen, Flundern und Seezungen treffen hier von Ende März bis Anfang Juli in der oben genannten Reihenfolge und im Abstand von etwa einem Monat ein – die Elterntiere dieser Arten haben ebenso nacheinander abgelaicht. Im Wattenmeer müssen die Larven oft ein weiteres Hindernis überwinden: die Fangfäden von Quallen, die zu bestimmten Zeiten das Wattenmeer wie ein Vorhang abschirmen können.

Wenn auch diese „Klippen" umschwommen sind, wirkt nun ein zweites Verhaltensmuster verstärkend und führt dazu, daß die Tiere im Wattenmeer bleiben: Sie schwimmen, wenn sie Hunger haben, und sinken zu Boden, wenn sie satt sind. Vom Wattenmeer mit seinem reichen Nahrungsangebot werden sie gewissermaßen geködert. Mittlerweile haben sie ihre Körperform verändert. Aus den zweiseitig symmetrischen Larven sind in wenigen Tagen in der sogenannten Metamorphose 0,5 bis 1,5 Zentimeter große Plattfische geworden. Von der jährlichen Eiproduktion sind bis zu diesem Zeitpunkt weniger als ein Prozent übrig. Wie recht Eugen Roth, bezogen auf Plattfische, doch hat!

Ein wirklich heißes Pflaster

Die ersten Tage bis Wochen nach dem Übergang zum Bodenleben verbleiben die Tiere auch bei

Niedrigwasser in den Restwassern der im Gezeitenrhythmus trockenfallenden Wattenflächen.
Hier kann das Verhalten des selektiven Gezeitentransports bei Schollen, Flundern und Seezungen
mit sehr viel Glück, Geschick und Geduld an
wenigen Tagen in den Pfützen und Abläufen
direkt beobachtet werden. Dabei dürfen die kleinen Schollen und Flundern allerdings nicht
trockenfallen – eine Gefahr, die angesichts der
starken Drainierwirkung der Gezeiten und der
hohen Verdunstung an Tagen starker Sonneneinstrahlung groß sein kann.

Das Leben in den nur wenige Millimeter bis Zentimeter tiefen Pfützen bietet den Vorteil, von den
im Priel, also unterhalb der Niedrigwasserlinie,
lauernden Freßfeinden wie z. B. den großen
Exemplaren der Nordseegarnele (Crangon
crangon) räumlich getrennt zu sein. Ferner sind
eine das Wachstum begünstigende Wassertemperatur sowie ein reiches Angebot an geeigneter,
kleiner Nahrung vorzufinden, das auf den relativ
brandungsgeschützten Wattflächen leicht
erschlossen werden kann. Nicht zuletzt können
sich die Fische mit der neuen Art der Nahrungsaufnahme vertraut machen und schnell zu einer
Größe heranwachsen, die ihnen eine höhere
Fluchtgeschwindigkeit verleiht.

Die Gefahren sind allerdings ebenso mannigfaltig.
Fische, z. B. Heringe, oder Krebse wie die Nord-
seegarnele – im Volksmund „Krabbe" genannt –
führen von einer gewissen Größe an Nahrungswanderungen von den Prielen auf die bei Hochwasser überstauten Wattenflächen durch und
können die kleinen Plattfische zahlenmäßig durchaus erheblich dezimieren. Darüber hinaus kann
die Sonne an wärmeren, wolkenlosen Tagen das
Wasser der Pfützen wie in einem Sonnenkollektor

Oben: Die räuberischen Nordseegar-
nelen jagen im Wattenmeer nach
Beute, hier von einigen am Boden
liegenden Miesmuscheln aus.
Links: Zahlreiche heranwachsende
Fische, hier eine junge Flunder, finden im Watt reichlich Nahrung, sind
aber gleichzeitig auch Gefahren ausgesetzt.

so stark aufheizen, daß die Temperatur-Toleranz-schwellen der Tiere überschritten werden – von einem möglichen Sonnenbrand ganz zu schweigen. Der Wattboden in den Pfützen wird im wahrsten Sinne zum „heißen Pflaster".

Dieser Fall tritt allerdings nur zwei- bis dreimal pro Saison zwischen April und Juli ein. Dann ändern die Tiere schlagartig und radikal ihr Verhalten und versuchen, massenhaft mit der Strömung schwimmend, über die Pfützenabläufe auf den Wattflächen das tiefe Wasser zu erreichen.

Die auf den Wattflächen bei Niedrigwasser nach Nahrung suchenden Möwen haben jetzt leichte Beute und versammeln sich deshalb in Scharen in den Abläufen. Etliche der winzigen Fische werden von ihnen gefressen oder sterben den Hitzetod.

Die kleinen Plattfische, die ja über keine auftriebsfördernde Schwimmblase verfügen, müssen bei hohem Energieaufwand oft minutenlang versuchen, den Kontakt mit dem heißen Wattboden zu vermeiden. Erst wenn eine Wolke die Sonne verdeckt und die Sedimentoberfläche in der Pfütze bzw. im Ablauf innerhalb weniger Sekunden wieder stärker abkühlt als das darüberstehende Wasser, können sie sich kurz am Boden ausruhen. Unterhalb der Niedrigwasserlinie in den Prielen angelangt, unternimmt ein Großteil der Tiere fortan Nahrungswanderungen im Gezeitenrhythmus auf die überstauten Wattflächen, bleibt aber in der Regel nicht mehr in den Pfützen zurück. Damit ist ein derartiger Exodus bei den entsprechenden Arten erst wieder im Folgejahr zu beobachten. Die Tiere in Pfützen ohne Ablauf müssen auf Abkühlung durch die nächste Flut warten oder gehen zugrunde.

Im Verlauf des Sommers und vor allem mit den ersten Winterfrösten verläßt der größte Teil dieser

Sommergäste das Wattenmeer und gelangt damit schon als Jungfisch zunehmend in den Bereich der Garnelenfischerei und der ausschließlich vor dem Wattenmeer operierenden Fischereien, wie z. B. der Seezungenfischerei. Die Wattflächen wirken jetzt nicht mehr als Heiz-, sondern als Kühlplatten und lassen die Wassertemperaturen schnell auf Werte bis in Gefrierpunktnähe absinken. Das Nahrungsangebot ist ebenfalls eingeschränkt, der Aufenthalt dort für die Tiere also nicht günstig.

Neubürger und Durchzügler

Unter den im Wattenmeer (einschließlich des holländischen Bereiches) vorkommenden über 100 Fischarten findet sich keine, die nicht auch sonst entlang der Nordseeküste anzutreffen wäre. Neben den erwähnten Sommergästen sind acht Arten mit hohen Kopfstärken vertreten, die ihren ganzen Lebenszyklus im Wattenmeer verbringen und daher als Standfische bezeichnet werden. Zu diesen Standfischen gehören die Aalmutter, der stachlige Seeskorpion und der ebenfalls gepanzerte Steinpicker. Auch sie sind keine ausgesprochenen Wattspezialisten. Ihnen gemeinsam ist die Vorliebe für Meeresküsten und Flachwasser sowie eine robuste Konstitution. Sie müssen ihre Laichprodukte vor dem Verdriften aus dem Wattenmeer durch die starken Ebbströme bewahren. Die Aalmutter an der Nordseeküste bringt dazu ihre bis über 100 Jungfische lebend zur Welt, von denen jeder schon bis zu vier Zentimeter lang sein kann. Auf diese Weise sind sie nicht als Eier oder Larven dem Fraßdruck potentieller Räuber ausgesetzt. Seeskorpion und Steinpicker hingegen legen ihre Eier in strömungsberuhigten Bereichen als Klumpen am Boden ab. Doch auch diese Fisch-

arten ziehen sich in tieferes Wasser der Haupt-
wattströme oder der benachbarten Nordsee
zurück, wenn das Wattenmeer im tiefsten Winter
oder bei langen Hitzeperioden in Rekord-Som-
mern allzu ungastlich wird.

Was für Jungfische attraktiv ist, zieht auch große
Fische an. Besonders in der warmen Jahreszeit
erscheinen sie als Sommergäste an der Küste, um
am Nahrungsreichtum teilzuhaben. Am auffällig-
sten sind dabei die Meeräschen. Seit Anfang der
70er Jahre kommen diese stattlichen Tiere in größeren Gruppen an die deutsche Nordseeküste. Sie
sind an sich in südlicheren Meeresgebieten heimisch. Ihr Auftreten wird u. a. mit Klimaverände-
rungen in Zusammenhang gebracht. Doch auch
im Mittelalter muß es Perioden gegeben haben, in
denen sie in großer Zahl im Watt vorhanden
waren. Ausgrabungsfunden an mittelalterlichen
Siedlungsplätzen zufolge haben sie zur Ernährung
der damaligen Küstenbevölkerung beigetragen.
Meeräschen hinterlassen charakteristische Fraßspuren im Watt, wenn sie die Sedimentoberfläche
abweiden. Sie ernähren sich hauptsächlich von
Algen und Kleinlebewesen. Seit den frühen 90er
Jahren wurden neben den Alttieren auch Jungfische in steigender Zahl gefunden, die in manchen
Hafenbecken ganzjährig beobachtet werden können. Weitere Neubürger sind der Ährenfisch und
die Glasgrundel. Es sind unscheinbare, im freien
Wasser lebende Kleinfische, die sich mittlerweile
auch in diesem Gebiet fortpflanzen.

Einwanderung, Durchzug und Auswanderung
prägen das Wattenmeer als Fischlebensraum. In
beträchtlicher Zahl erscheinen zeitweise die sogenannten diadromen Wanderfische. Sie durchque-
ren die Küstengewässer, um in den Flüssen zu laichen, wie z. B. Stichlinge, Meerforellen und Neun-

Oben: Der räuberische Seeskorpion
liebt den Küsten- und Flachwasser-
bereich. Er schützt sich vor Feinden
durch Dornenbesatz.
Links: Die langgestreckte Aalmutter
ernährt sich von Kleintieren am
Boden. Ein Weibchen kann im Winter über 100 Jungfische lebend zur
Welt bringen.

augen, oder wandern entgegengesetzt aus dem
Binnenland in entferntere Meeresgebiete zum
Laichen ab, wie z. B. Aale. Die Deichlinien und
Sieltore sind oftmals unüberwindliche Hindernisse
für Wanderfische. Die fließenden Übergänge sind
selten geworden – aus Sicht der Fische sind das
insbesondere Grünlandpriele mit wechselnden
Salzgehalten und Röhrichtzonen. Trotzdem ist das
Watt nach wie vor ein arten- und individuenrei-
cher Lebensraum und erfüllt seine Funktion als
Aufwuchsgebiet und Weidegrund.

Das Watt als zweite Wahl

Die außerordentliche Dynamik der Vorgänge im
Wattenmeer läßt sich gut am Beispiel einiger
kabeljauartiger Fische veranschaulichen. Die zu
bestimmten Jahreszeiten regelmäßig in den Fän-
gen der Garnelenfischerei als Beifang auftreten-
den, sehr gefräßigen Jungfische von Wittling,
Franzosendorsch und Kabeljau können in manchen Jahren, wenn sie im Nordseeküstenbereich
einschließlich des Wattenmeeres in ungeheuren
Massen auftreten, die Krabbenfischer schier ver-
zweifeln lassen.
Diese Fischarten dezimieren nicht nur kleine
Fische wie die Grundeln, sondern auch die milli-
ardenfach im Watt vorkommenden „Krabben"
stark. Die Garnelenfischerei muß dann bisweilen
gebietsweise völlig eingestellt werden. Dies ge-
schah zuletzt 1959 (Wittling), 1970 (Kabeljau),
1983 (Kabeljau und Wittling) und 1990 (Wittling
und Franzosendorsch), doch schon im vergange-
nen Jahrhundert wurden entsprechende Ereignisse
gemeldet. Der Garnelenbestand regeneriert sich
aufgrund seines sehr großen Vermehrungspotenti-
als oft schon im Folgejahr wieder völlig. Das Bei-

spiel zeigt aber, daß nicht nur für Plattfische, sondern auch für andere Arten – in diesem Falle für Grundeln und Garnelen – das Wattenmeer alles andere als eine behagliche „Kinderstube", sondern vielmehr ein „heißes Pflaster" sein kann.

Fischerei und ihre Grenzen
Fritz Thurow

Wenn wir Fischbestände und Fischerei betrachten wollen, können wir uns nicht auf den Küstenbereich begrenzen, sondern müssen in den meisten Fällen größere Gebiete erfassen. Manche Fischarten wachsen zwar im flachen Wasser auf, wandern als Erwachsene aber in tiefere Gebiete ab. Hering, Kabeljau und Scholle, in biologischer und wirtschaftlicher Hinsicht wichtige Fische der Nordsee, sind jedermann geläufig. Zehn andere Arten können als sehr bedeutend angesehen werden. Die Wirtschaft erfaßt insgesamt 75 Arten in Forschungsfängen, jedoch sind insgesamt über 200 in der Nordsee vertreten. Ständig kommen neue Arten hinzu, während andere verschwinden. Auch die Bestandsgrößen und die Methoden, Fische zu fangen, ändern sich immerfort.

Geschichtliche Entwicklung der Fischerei

Bei einer Wanderung am Küstensaum oder im Watt stößt man gelegentlich auf Krebse, Muscheln oder Fische. So haben Menschen vor fast 10 000 Jahren Nahrung gesammelt. Es dauerte lange Zeit, bis sie aktiv Meeresprodukte fangen konnten. Steinerne Angelhaken wurden in frühen neolithischen Abfallhaufen Dänemarks gefunden und sind auf den bis zu 4000 Jahre alten skandinavischen Felsritzungen zu sehen. Später hat man Fangkörbe aus Weidenzweigen geflochten. Dabei handelt es sich um Reusen, Geräte mit einem engen Eingang, den die Fische schwer wiederfinden, wenn sie einmal in den Korb gelangt sind. Bastnetze wurden auch in der Steinzeit schon als Waden (Einschließungsnetze mit oder ohne Netzsack) oder Stellnetze (einfache Netzwände) verwendet.
Mit Beginn der Eisenzeit machte auch der Schiff-

Der Schiebehamen – in Dithmarschen auch
Krautjallen genannt – gilt als das älteste „Krab-
benfanggerät". Es konnte auch von Frauen und
halbwüchsigen Kindern benutzt werden. Noch bis
ins 20. Jahrhundert hinein war Fischerei mit dem
Schiebehamen, der über den Wattboden gegen
den Strom geschoben wird, als Nebenerwerb verbreitet.

bau gewaltige Fortschritte. Statt der Einbäume wurden die ersten Fahrzeuge aus Planken gebaut. Ältestes schriftliches Zeugnis vom Fischfang ist die Reisebeschreibung des Römers Plinius d.Ä. aus dem ersten Jahrhundert n.Chr. Danach haben die Chauken zwischen Ems und Elbe mit Netzen aus Schilf oder Binsen gefischt. Als die Fangmenge die eigenen Bedürfnisse überstieg, fingen sie an, mit den Fischen zu handeln.

Um das Jahr 1000 herum begann die Heringsfischerei an der ostenglischen Küste in Yarmouth eine Rolle zu spielen. Ihren Höhepunkt erreichte sie während der Hansezeit. Der Hering stammte im 13. bis 15. Jahrhundert allerdings vorwiegend aus dem Öresund, später aus dem Kattegat sowie dem Skagerrak. Durch Einsalzen wurde die Haltbarkeit der Fische verlängert. Seit 1500 trat der flämische Hering in den Vordergrund. Die niederländische Fischerei arbeitete mit bis zu 2000 Heringsbuisen und Netzen. Man schätzt, daß etwa ein Fünftel der damaligen holländischen Bevölkerung ihr Einkommen aus der Heringsfischerei bezog. Daher erzählt man noch heute, Amsterdam sei auf Heringsgräten erbaut.

Die Erträge der Fischerei änderten sich periodisch. Die Ertragszeiten bei Südwestnorwegen dauerten 50 bis 80 Jahre, an der schwedischen Kattegatküste 20 bis 60 Jahre. Zwischendurch verschwanden die Heringe (an den Küsten) teilweise oder völlig. Die Länge dieser Ausfallzeiten variiert bei den einzelnen Fischarten. Beim schwedischen Westküstenhering betrug sie bis zu hundert Jahre.

Um 1500 bediente man sich beim Fang von kabeljauartigen Fischen sowohl in den nordischen Ländern als auch in Deutschland (z. B. Blankenese, Finkenwerder) der Langleinenangel. In Skandinavien wurde aus dem Fang getrockneter Stockfisch, ab Anfang des 17. Jahrhunderts gesalzener und getrockneter Klippfisch produziert, der neben dem Tran ein wichtiges Handelsobjekt war. Die Vermarktung erfolgte sowohl durch die Hanse als auch durch englische Kaufleute. Der Tran wurde als Handelsgut um so wichtiger, seitdem man 1775 in England entdeckt hatte, daß Lebertran gegen Rachitis hilft.

Die beginnende industrielle Revolution und mit ihr verbundene technische Neuerungen hatten entscheidende Auswirkungen auf die Fischwirtschaft. Ab 1825 gab es Fisch als Konserve zu kaufen. Um 1875 wurde das Scherbrett erfunden, mittels dessen ein Netz von einem Schiff geschleppt werden konnte, ohne daß ein Baum die Netzöffnung offenhalten mußte. Gleichzeitig wurde der schwere einheimische Flachs durch die leichte Baumwolle ersetzt. Dies erleichterte die Arbeit, so daß mehr Netze als zuvor eingesetzt wurden. Ab 1880 tauchten die ersten britischen Dampftrawler in der Nordsee auf. Zwischen 1885 und 1910 wurden in Deutschland 270 Logger (kleine Küstensegler) und 231 Fischdampfer gebaut.

Mit dem Ausbau der Eisenbahn wurde das Hinterland für den Fischwarenabsatz zunehmend erschlossen. Seit 1890 besaßen alle großen Fischereihäfen eigene Eisanlagen, so daß Frischfisch längere Zeit haltbar gemacht werden konnte und der Absatz stark gesalzener und getrockneter Produkte zurückging. Mit der Entwicklung der Echolotung konnte man bald dem Fisch überall nachsetzen. Seit den 60er Jahren dieses Jahrhunderts haben sich die Fischbestände nicht mehr von einer Fischerei erholt, die mit immer größeren Kapazitäten und erweiterten technischen Möglichkeiten betrieben wurde. Ständig verstärktes Fischen erbrachte immer geringere Erträge.

Fangtechnik

Den kombinierten Einsatz von Fanggeräten und anderen Hilfsmitteln bezeichnet man als Fangtechnik. Zu den Hilfsmitteln zählen Fahrzeuge, elektronische Geräte und die Berücksichtigung von Fischverhalten und Umweltbedingungen. So ist zu beachten, daß träge Überwinterungsschwärme von Heringen und Sprotten viel einfacher zu erbeuten sind als leicht flüchtige Tiere in der Wachstumsphase. Der Einfluß der Umwelt zeigt sich z.B. darin, daß alle Fischarten spezielle Wassertemperaturen bevorzugen. Bei stark abweichenden Werten treten sie nicht auf.
Das wichtigste Fanggerät, das Schleppnetz, tritt in vielen Varianten auf, die der Tierart, Jahreszeit und Umwelt angepaßt sind. Ohne Scherbretter kann es von zwei Fahrzeugen sehr viel schneller als von einem Schiff gezogen werden, was beim Fang schnell flüchtender Heringsschwärme von Bedeutung ist. Für pelagische (im freien Wasser lebende) Fischarten ist es so eingestellt, daß ein möglichst großer vertikaler Bereich bestrichen wird, für Bodentiere steht es dagegen flach. Größe und Maschenweite können ebenfalls verändert werden. Krabbenkutter fischen sogar mit zwei Netzen, die durch Bäume offengehalten werden. Neben Angeln (Langleinen), Kiemennetzen und den zahlreichen weniger wichtigen Geräten ist die Ringwade (ringförmig ausgelegtes Zugnetz) zu erwähnen, die wesentlich dazu beigetragen hat, daß Heringe und Makrelen in der Nordsee um über 90 Prozent dezimiert wurden.

Schleppnetzfischerei mit dem Hecktrawler. Begleitende Möwenschwärme
werden durch Fischereiabfälle mit Nahrung versorgt.

Wie zeigt sich Überfischung?

Die Fangmenge ist eine wichtige Kennziffer für die Abschätzung der Befischungssituation. Aber bedeutet eine Abnahme der Fänge allein schon eine Gefährdung? Um den Zustand beurteilen zu können, müssen wir den Ertrag in Beziehung setzen zu einer Größe, die den Befischungsdruck widerspiegelt. Zwar gibt es höhere Erträge, wenn mehr gefischt wird, aber mit der Zunahme des Fischereiaufwandes wird dem Bestand schließlich mehr entnommen, als er durch Nachwuchs und Wachstum ersetzen kann. Irgendwann erreicht der Ertrag einen Höchstwert und nimmt danach ab. Man sollte also danach streben, die Fischerei so einzurichten, daß der Fang dauerhaft maximiert wird. Leider ist man dieser Strategie in der Vergangenheit – seit nahezu 30 Jahren – nicht immer gefolgt. Unter dem Druck der Konkurrenzsituation ist die Fischerei weit über den Höchstertrag hinausgegangen. Sie hat danach viel weniger erbeutet, als sie hätte fangen können, und – was schlimmer ist – die Bestände so dezimiert, daß die Nachwuchsversorgung in Gefahr geriet. Daher mußte die Fischereiforschung nach weitergehenden Kriterien suchen, die zwar Überfischung erlauben, aber keine Bestandsgefährdung darstellen. Die Bestandsbiomasse (lebende Substanz zu Beginn des Jahres) reicht als Kriterium nicht aus, um festzustellen, wann die Fischerei den Bestand gefährdet. Dazu muß der Nachwuchs berücksichtigt werden, den die Biomasse der geschlechtsreifen Tiere (Laicherbiomasse) erzielt. Diese Jungfische sollen ja laufend die Biomasse des befischten Bestandes ersetzen.
Betrachten wir in dieser Hinsicht den Kabeljau. Die geschlechtsreifen Tiere erreichten 1968 ein

Höchstgewicht. Von da ab zeigen sie, mit Abstufungen, einen abnehmenden Trend. Die Nachwuchszahlen weisen riesige Schwankungen auf – ein Phänomen, das bei allen Fischarten auftritt. Darin drücken sich Umwelteinflüsse aus, die die Forschung bislang noch nicht befriedigend beschreiben kann. Bis zum Beginn der 80er Jahre ließ sich jedenfalls nicht feststellen, daß die Abnahme des Laicherbestandes einen negativen Einfluß auf die Nachwuchszahlen hatte. Danach aber wurden die starken, natürlichen Schwankungen geringer. Laichermengen und Nachwuchszahlen nahmen gleichermaßen ständig ab. Man kann daraus schließen, daß Laichermengen von weniger als 150 000 Tonnen vorwiegend oder ausschließlich den Nachwuchs bestimmen. Damit ist die Laichermenge erreicht, die nicht unterschritten werden sollte, weil andernfalls die Wahrscheinlichkeit schwachen Nachwuchses zunimmt. Diese Menge wurde daher als Kriterium für die endgültige Einschränkung der Befischung festgelegt. Beim Hering haben sowohl die Gesamt- als auch die Laicherbiomasse nach 1946 rapide abgenommen. Schon ab Mitte der 60er Jahre hatte die starke Abnahme der Biomasse einen nachteiligen Effekt auf die Produktion von Jungfischen. Danach ging der Nachwuchs sogar gegen Null. Als Kriterium für die Mindestlaichermenge wurden 800 000 Tonnen festgelegt. Diese Grenze ist seit 1992 wieder unterschritten worden, und der Bestand ist erneut in Gefahr.

Entwicklung der Biomasse

Für die Jahre von 1983 bis 1985 wurde erst- und einmalig eine Gesamt-Fischbiomasse ermittelt, die etwa 10 Millionen Tonnen betrug – so viel, wie

Oben rechts: Biomasse von Hering und von Makrele (Angaben in 1000 Tonnen). Ende der 70er Jahre machte die Heringsbiomasse nur noch etwa zwei Prozent der Menge aus, die nach dem Zweiten Weltkrieg vorhanden war. Anfang der 80er Jahre erholte sich der Bestand zum Teil – bei Makrelen war dies nicht der Fall.
Unten rechts: Biomasse von Kabeljau einerseits sowie andererseits von Schellfisch, Wittling, Kabeljau und Köhler zusammen (Angaben in 1000 Tonnen)

allein der Hering 1947 aufwies. Die Einwanderung von Makrelen und Stöckern verändert diese Menge im Laufe des Jahres.

Die Dichteverteilung der Fische (Biomasse pro Quadratmeter Meeresoberfläche) betrug in der Nordsee 15 bis 23 Gramm pro Quadratmeter, in der Ostsee etwa zur selben Zeit 17 bis 23 Gramm pro Quadratmeter. In beiden Meeresgebieten war also die Fischdichte annähernd gleich, während die Biomasse (Ostsee: knapp 7 Millionen Tonnen) und besonders die Erträge sehr unterschiedlich waren (Nordsee: 2,7, Ostsee: knapp 1,0 Millionen Tonnen). Auch die Anzahl der Fischarten, die in diesen Meeresgebieten vorkommen, differiert. Während in der Ostsee weniger als 100 erfaßt wurden, liegt ihre Zahl in der Nordsee, wie erwähnt, bei über 200. Von ihnen haben die meisten jedoch einen äußerst geringen Anteil an der gesamten Biomasse.

Elf Fischarten stellten von 1983 bis 1985 fast 70 Prozent der vorhandenen Gesamtbiomasse. Drei von ihnen hatten allein einen Anteil von 40 Prozent: Sandaale, meistens kleine Fische von weniger als 16 Zentimeter Länge, trugen mit 18 Prozent, Heringe mit 12 Prozent und Stintdorsche, ein Kabeljauverwandter, der kleiner als 25 Zentimeter ist, mit 11 Prozent zur Biomasse bei. Vier Verwandte des Kabeljaus erreichten zusammen etwa 18 Prozent der gesamten Fischbiomasse. Makrele und Sprotte machten je 2 Prozent, die Scholle 6 Prozent und die Seezunge 1 Prozent aus. Neben diesen Fischen wurden in Forschungsfängen regelmäßig 64 weitere Arten erbeutet. Dazu gehören Haie und Rochen, Lachse, Seehechte sowie Rotbarsche, Sandgrundeln und viele Plattfische.

Die obigen Angaben beziehen sich auf den Zeit-

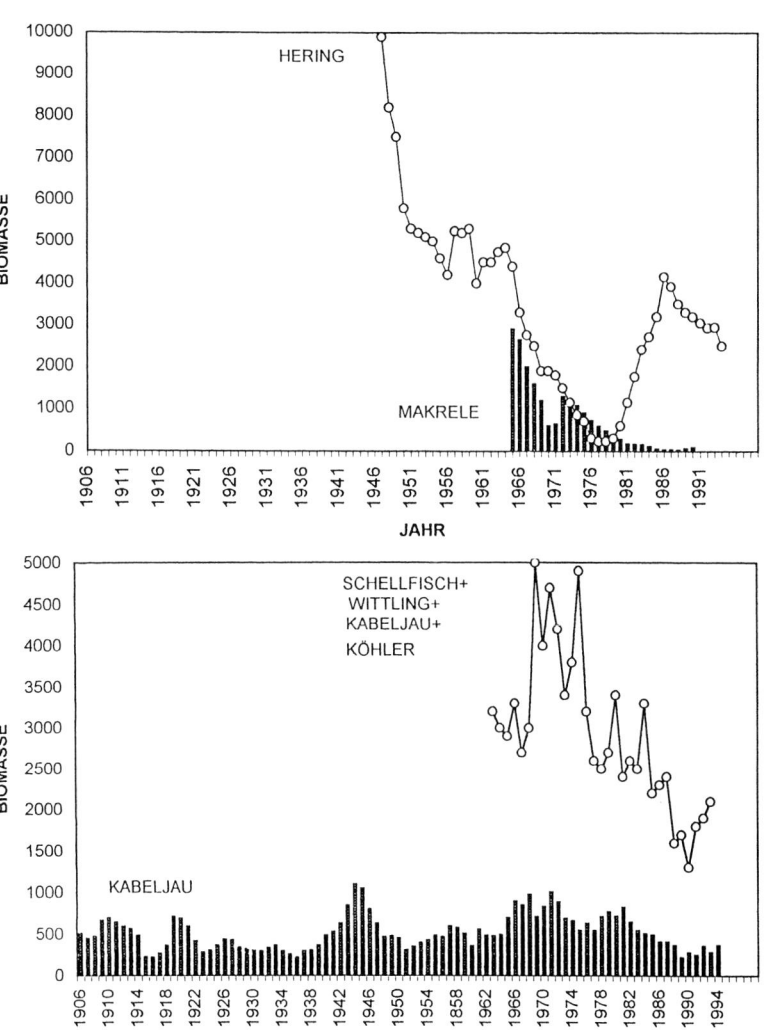

raum von 1983 bis 1985. Über eine längere Periode betrachtet, sehen die Dinge anders aus.

Der Hering wies 1947 eine Gesamtbiomasse von nahezu 10 Millionen Tonnen auf. Es gibt Hinweise darauf, daß die Bestandsgröße in den 30er Jahren genauso hoch gewesen ist und zu Beginn des Jahrhunderts nicht viel geringer. In den ersten Jahren nach dem Zweiten Weltkrieg erfolgte aber eine rasante Abnahme, und die Einführung der Ringwade bewirkte ab 1965 erneut eine radikale Dezimierung. Danach machte die Heringsbiomasse nur noch etwa zwei Prozent der Menge aus, die gleich nach dem Zweiten Weltkrieg zu verzeichnen war. Das Verbot der Heringsfischerei für einige Jahre ab 1977 fiel mit dem Auftreten einiger guter Jahrgänge zusammen, so daß der Bestand sich in wenigen Jahren regenerierte. Ein seltener Glücksfall: Der viel größere Heringsbestand vor der norwegischen Westküste ließ nach seinem Zusammenbruch jahrzehntelang auf eine Erholung warten!

Die beginnende Befischung in der Nachkriegszeit fand zunächst in einem vertretbaren Ausmaß statt und reduzierte die Biomasse von zehn auf etwa fünf Millionen Tonnen, eine Menge, die etwa 15 Jahre lang gehalten werden konnte. Wäre man dabei geblieben, hätte man allein durch den Fang des Nordseeherings Woche für Woche alle Einwohner Deutschlands mit 200 Gramm Hering versorgen können.

Während der Heringsbestand schon schrumpfte, ging die Ringwadenflotte auf die Befischung der Nordseemakrele über. Deren Erträge stiegen von gut 100 000 Tonnen im Jahre 1964 auf über 900 000 Tonnen im Jahre 1967, um danach steil abzufallen. Die Entwicklung der Biomasse verlief seit 1965 ähnlich wie beim Hering. Sie hatte 1965

über 2,8 Millionen Tonnen betragen und liegt seit
1985 unter 100 000 Tonnen. Bis heute hat der
Bestand sich nicht erholt.

Die Biomasse des Kabeljaus bewegte sich seit
1960 um 520 000 Tonnen. Nach einem Höhepunkt um 1970 trat bei allen Kabeljauarten eine
stetige Abnahme auf, die bis heute andauert.
Gefährdet sind gegenwärtig der Schellfisch und
der Kabeljau, deren Mindestlaichermengen von
100 000 Tonnen bzw. 150 000 Tonnen unterschritten werden.

Hering, Makrele und Sprotte wurden vor 1975
vorwiegend zur Herstellung von Fischmehl und
Fischöl erbeutet. Nach dem Niedergang der
Bestände verlegte sich die Industriefischerei vorwiegend auf Sandaal und Stintdorsch, die niemals
für die menschliche Ernährung verwendet worden
waren.

Die Erträge und die Laicherbiomasse von Sandaal
und Stintdorsch zeigen seit den 70er Jahren starke
Schwankungen. Es ist anzunehmen, daß es sich
hierbei um natürliche Vorgänge handelt, die mit
Veränderungen der Umweltverhältnisse zusam-
menhängen. Diese konnten bislang jedoch nicht
geklärt werden. Sehr starke Laichtierbestände
erzeugten manchmal sehr schwachen Nachwuchs,
und schwache Elternmengen führten zu guten
Jahrgängen. Diese Veränderungen ließen sich
auch nicht auf entsprechende Schwankungen in
der unbelebten Umwelt zurückführen. Trotz starker Befischung ist keine Trendwende in den Nachwuchszahlen festzustellen.

Von den wichtigen Fischarten, die den höchsten
Anteil an der Gesamtbiomasse in der Nordsee
stellen, bleibt nur noch die Scholle zu erwähnen.
Befischung und Ertrag zeigen von 1957 bis 1989
einen zunehmenden Trend. Die Laicherbiomasse

erreichte Mitte der 60er und 80er Jahre Höchstwerte. Von 1970 bis 1985 ist ein deutlich zunehmender Trend in den Nachwuchszahlen zu verzeichnen – wieder ein Beispiel für die Rolle der natürlichen Bedingungen.

Eine letzte Art, die Seezunge, ist wegen ihres hohen Preises besonders interessant. Die ermittelten starken Veränderungen von Ertrag und Biomasse zeigen keinen negativen Einfluß auf den Nachwuchs. Leider sind diese Untersuchungsergebnisse mit einem sehr hohen Fehlerquotienten behaftet, weil die tatsächlichen Fangmengen nicht genau bekannt sind, sondern z. T. geschätzt werden mußten.

Neben den Fischen spielen Krebse und Muscheln in der Fischerei eine Rolle. Zu erwähnen ist insbesondere die Miesmuschel, die im Wattengebiet in Kulturen gehegt wird. Ihre Brut wird von den Fischern in nicht besiedelten Flächen ausgesät. Die Nordseeanlandungen (Niederlande, Dänemark, Deutschland, Großbritannien) sind von etwa 50 000 Tonnen (1946/47) auf über 200 000 Tonnen (seit 1980) gestiegen. Eine weitere Steigerung ist unwahrscheinlich, da kaum weitere Kulturflächen genehmigt werden.

Wegen des relativ hohen Preises ist auch die Nordseegarnele (Krabbe) von Bedeutung. Sie wird am Rande des Wattenmeeres mit Schleppnetzen gefangen, die durch einen Querbaum offengehalten werden. Die Niederlande und Deutschland erzielten im Jahr 1995 zusammen einen Fangertrag von etwa 25 000 Tonnen.

Fassen wir die Ergebnisse über die Situation bei den wichtigsten Nordseefischbeständen zusammen. Von den elf erwähnten Arten sind fünf – darunter Hering und Makrele mit ihren ehemals so starken Beständen – in ihrer Existenz gefähr-

Krabbenkutter gehören zum vertrauten Bild im Wattenmeer. Der Kutter fischt mit zwei Netzen, die durch Bäume festgehalten werden.

det. Alle aber sind in dem Sinne überfischt, daß nicht der dauerhaft mögliche höchste Ertrag erzielt wird. Vielmehr wird unter unnötigen Kosten mehr gefischt als nötig und dabei der Bestand so reduziert, daß er nicht mehr den höchstmöglichen Fang ergibt. All diese Untersuchungsergebnisse beweisen zwar nicht, daß die Fischerei für Bestandsgefährdungen verantwortlich ist – sie könnte es aber sein. Sie sagen nur, daß die Fischerei reduziert werden muß, um den Erhalt der Bestände zu garantieren oder um die Erträge zu maximieren.

Kleine Fischarten, die kein direktes Ziel der Fischerei sind, haben demgegenüber nicht abgenommen. Im Gegenteil, deren Biomasse ist zum Teil erheblich gewachsen. Es ist charakteristisch für diese Arten, daß sie schon bei geringer Größe geschlechtsreif werden. Das könnte die Ursache für die Zunahme ihrer Biomasse sein.

Ökologische Beziehungen

Das Ökosystem ist ein Netzwerk von Aktionen und Reaktionen zwischen allen Komponenten der unbelebten und belebten Umwelt. Kein biologisches Glied des Komplexes existiert isoliert. Neben der oben geschilderten Beziehung zwischen den Fischen und der Fischerei unterliegen die Fischbestände vielfältigen, wenig erforschten Einflüssen.

Mögliche natürliche Ursachen für Bestandsveränderungen bei den Fischen wie Strömungs-, Temperatur-, Salz-, Sauerstoff- und Nährstoffschwankungen sowie Umweltgifte entstammen der unbelebten Umwelt oder – wie Nahrung, Konkurrenz und Räuber – der belebten Umwelt.

Im Wasser des Atlantiks hat etwa seit der Jahr-

hundertwende eine Temperaturerhöhung stattge-
funden. Diese hat wahrscheinlich die Verhältnisse
in der nördlichen und südwestlichen Nordsee
beeinflußt. Auch eine Zunahme der Nährstoffe
Phosphat und Nitrat wurde belegt. Eine einfache
Beziehung zwischen diesen Umwelteinflüssen und
der Biomasse läßt sich jedoch bislang nicht ein-
deutig nachweisen.
Eine Reihe anderer Faktoren kann ebenfalls die
Menge der Fischbiomasse beeinflußt haben. Die
Fischerei mit Grundschleppnetzen mag in beide
Richtungen gewirkt haben: positiv wegen der
Freisetzung von Nährstoffen und Nahrung durch
Umpflügen, negativ durch die Zerstörung der
Bodenfauna. Zu erwähnen ist insbesondere die
Seezungenfischerei mit Baumkurren, die mit
schweren Ketten ein Gewicht von 15 Tonnen
erreichen können.
Fische werden von anderen Fischen gefressen.
Aber auch Robben, Wale und Seevögel ernähren
sich zum größten Teil von ihnen. Kegelrobben-
und Seehundbestände in der Nordsee benötigen
zusammen jährlich mindestens 150 000 Tonnen
Fisch als Nahrung. An der deutschen Küste zeigen
die Populationen von Möwen, Seeschwalben,
Alken u. a. seit dem Zweiten Weltkrieg ein rapides
Wachstum. Die Ursachen hierfür sind nicht
bekannt. Vermutlich hat die Fischerei entscheidend dazu beigetragen. Kleinfische, die tot oder
beschädigt durch Netzmaschen schlüpfen, und
über Bord gegebener Beifang locken wie aus dem
Nichts große Schwärme von Vögeln an, die sich
von diesen Tieren ernähren.
Die Rolle der Umweltgifte einzuschätzen ist
schwierig, weil entsprechende Untersuchungen
erst spät begannen.

Von Brutvögeln und Durchzüglern
Stefan Garthe

Jeder Besucher der Nordsee kennt sie, die großen Vogelschwärme an der Wattenmeerküste. Kaum ein anderes Gebiet auf der Erde beherbergt derart viele Vögel auf so kleinem Raum. Bis zu drei Millionen Limikolen (Watvögel) rasten hier während des Zuges von ihren Brutgebieten im Norden Europas und Asiens zu ihren Winterquartieren in Westeuropa und Afrika. Aber auch die Brutvögel sind jedem Gast gut bekannt, vor allem die Möwen an den Kurpromenaden und in der Landschaft.

Ein Charaktervogel der Küste: der Austernfischer

Einer der markantesten und bekanntesten Brutvögel der Nordseeküste ist der Austernfischer. Seine Größe, seine Farben und vor allem sein Verhalten machen ihn zu einer auffälligen Erscheinung. Wer sich jemals einem Austernfischer-Nest genähert hat – sicherlich meist, ohne es zu wissen –, wird erlebt haben, daß der Vogel mit gellenden Schreien auf ihn zuflog und ihn vom Nest zu vertreiben versuchte. Der Austernfischer muß auch sehr gut darauf aufpassen, denn die drei Eier seines Geleges sind nicht so gut getarnt wie die vieler anderer Arten. Hinzu kommt, daß er sein Nest auf offenen Gras- oder Sandflächen anlegt. Austernfischer haben jedoch eine besondere Technik entwickelt, Feinde vom Nest oder von den Eiern abzulenken. Dabei täuschen sie einen gebrochenen Flügel vor, indem sie aufgeregt am Boden herumflattern, und versuchen, die Aufmerksamkeit des „Feindes" auf sich zu ziehen. Währenddessen entfernen sie sich unauffällig vom Nestbereich. Konnte der Eindringling auf diese Weise weit genug weggelockt werden, kehrt der Austernfischer wieder „in bester Gesundheit" in sein Revier zurück.

Austernfischer machen im Wattenmeer durch ihr Aussehen, ihr lebhaftes Verhalten und durch die lauten Rufe deutlich auf sich aufmerksam. Obwohl ihr Nahrungsspektrum Muscheln, Schnecken, Würmer und Krebse umfaßt, finden sich unter ihnen oft „Spezialisten", wobei die einen beispielsweise Herzmuschel-Schalen zertrümmern, die anderen den Schließmuskel einer solchen Muschel durchtrennen können. Hier erbeutet ein Austernfischer eine Strandkrabbe.

Knutts finden sich alljährlich während der Zugzeiten im Frühjahr (April/Mai) und im Herbst (August bis Oktober) in riesigen „Wolken"

über dem Wattenmeer ein. Der dortige Nahrungsreichtum ist von zentraler Bedeutung für ihre arktischen Brutbestände.

Austernfischer fliegen gerne zum Fressen ins Watt, um vor allem Muscheln, z. B. Miesmuscheln, zu suchen. Dabei kommt ihnen ihr starker Schnabel zu Hilfe, mit dem sie die Muschelschale zertrümmern. Die Vögel stehen vor der Alternative, ob sie viele kleine, schnell zu öffnende, aber wenig ergiebige Muscheln verspeisen sollen oder eher größere, gehaltvollere, aber auch viel mühsamer zu öffnende. Die Zugänglichkeit der Nahrung im Watt ist für viele Austernfischer ein entscheidendes Kriterium bei der Wahl des Brutplatzes. So sind die nahe am Watt gelegenen Plätze offensichtlich besonders stark umkämpft, während weiter vom Watt entfernte Salzwiesen weniger gern genutzt werden. Dies hat seine Ursache darin, daß die direkt am Watt brütenden Austernfischer ihre Jungen später zur Nahrungsaufnahme mitnehmen können. Diese Austernfischer sind also „Hocker". Die Austernfischer, die sich in größerer Entfernung niedergelassen haben, müssen, um nicht ständig in Revierkämpfe verwickelt zu werden, stets über die anderen Reviere hinwegfliegen und alle Nahrung zu ihren Jungen tragen. Diese Individuen werden als „Pendler" bezeichnet. Eine gute Nahrungsversorgung ist also für die direkt am Watt siedelnden Austernfischer viel eher gegeben als für ihre Artgenossen. Das ist allerdings mit einem Nachteil verbunden: Sie müssen ständig auf der Hut vor anderen Austernfischern sein und ihr Revier verteidigen. Dies führt zu einem zwar nahrhaften, aber auch anstrengenden Leben dicht neben dem Nahrungsreichtum im Watt.

Einige Austernfischer entdecken derzeit eine neue Welt, die Städte. Was früher nur vereinzelt beobachtet werden konnte, tritt heute von Jahr zu Jahr häufiger auf. Die Vögel bewohnen Gebäudedächer, vorzugsweise Flachdächer mit Kies- oder Sandaufschüttung, die ihrem natürlichen Nistplatz ähnlich sehen. Schwieriger ist es, Nahrung zu finden, denn selbst in den Küstenstädten gibt es oftmals kaum Wasserflächen. Die Lösung sind Regenwürmer, die von den Austernfischern auf Sportplätzen und anderen Grünflächen erbeutet werden. Während der Aufzucht müssen die Würmer über größere Strecken zu den Jungen transportiert werden. Für diese gibt es jedoch noch mehr Probleme. So dürften die Jungvögel auf vielen Dächern sehr großer Hitze durch Sonneneinstrahlung ausgesetzt sein. Da die Küken noch nicht fliegen können, haben sie außerdem große Schwierigkeiten beim Verlassen der Dächer, wobei zu wiederholten Malen Menschen zur Hilfe eilen mußten. Dennoch brüten heute z.B. schon über 20 Paare in Hamburg und Wedel sowie über 50 Paare in Wilhelmshaven auf Flachdächern.

Besondere Kostbarkeit: die Brandseeschwalbe

An der deutschen Nordseeküste leben mehrere gefährdete Brutvogelarten. Bezogen auf den gesamten europäischen Brutbestand ist die Brandseeschwalbe wegen ihrer hohen Brutpaarzahlen der wichtigste Brutvogel der deutschen Küste. Auf nur ganz wenigen Inseln im Wattenmeer brütet diese Vogelart in großen Kolonien von mehreren hundert bis 4000 Brutpaaren.

Anders als ihre nahen Verwandten, die Fluß- und Küstenseeschwalben, die überwiegend in den Prielen des Wattenmeeres nach Nahrung suchen, fliegt die Brandseeschwalbe auf die offene See hinaus. Dort, bis zu 30 Kilometer vor den Inseln, sucht sie ihre Nahrung: kleine, vorzugsweise acht bis zwölf Zentimeter lange Sandaale, Sprotten

Die Brandseeschwalbe ist die größte Seeschwalbe im Wattenmeer. Sie ist in einigen bewachten Schutzgebieten ein wichtiger Brutvogel an sandigen, flachen Küsten.

und Heringe. Die Brandseeschwalben tragen die von ihnen gefangenen Fische einzeln zu ihren Jungen zurück, so daß sie etliche Male am Tag weit auf See hinaus- und dann wieder zurückfliegen müssen. Und dann erleben sie bei der Rückkehr in die Brutkolonie oftmals eine böse Überraschung: Die ganz in der Nähe brütenden Lachmöwen versuchen, den Seeschwalben bei der Landung die Beute abzujagen. Wenn sie dabei erfolgreich sind, was häufiger vorkommt, müssen die Brandseeschwalben unverrichteter Dinge gleich wieder zurück auf See, um einen neuen Fisch für die hungrigen Jungen zu fangen. Die Nähe der Lachmöwen bietet den Brandseeschwalben aber auch Vorteile, denn Beutegreifer nähern sich nur sehr ungern der gemischten Kolonie, da sie sofort von den Lachmöwen angegriffen werden.

Die Brandseeschwalben stellen ganz spezielle Ansprüche an ihre Nistplätze. Sie lieben sandige Stellen auf Inseln oder Halbinseln, die kaum Vegetation aufweisen dürfen. Da sich solche Stellen durch die nachwachsende Vegetation aber von Jahr zu Jahr verändern, vagabundieren die Brandseeschwalben zwischen den verschiedenen, grundsätzlich für einen Brutplatz geeigneten Inseln hin und her. Dabei kann es passieren, daß mehrere hundert oder tausend Brutpaare von einem Jahr auf das andere an einem bestimmten Platz vollständig verschwinden und dafür ganz woanders auftauchen.

Baumbrüter in Kaninchenhöhlen: die Hohltaube

Ein spannendes Phänomen wird seit Mitte dieses Jahrhunderts auf den Ost- und Nordfriesischen Inseln beobachtet, nämlich die Besiedlung der Inseldünen durch die Hohltaube. Eigentlich ist die

Hohltaube ein Bewohner von Höhlen in alten
Baumbeständen, vorzugsweise Rotbuchen oder
anderen Laubhölzern. Dort nistet sie in Natur-
höhlen oder in alten Schwarzspechthöhlen.
Anfang der 50er Jahre wurde zunächst auf Borkum, bald danach auf anderen Ostfriesischen
Inseln und seit Mitte der 70er Jahre auch auf den
Nordfriesischen Inseln beobachtet, daß sich Hohltauben in Höhlen in den Dünen ansiedeln und
dort erfolgreich brüten. Dabei nutzen sie zumeist
alte Kaninchenhöhlen, aber auch künstliche Brut-
röhren für Brandgänse. Inzwischen brüten einige
hundert Paare an der deutschen Nordseeküste.
Die Taubenmännchen sitzen gerne auf den
Dünenkämmen, damit ihre Rufe gut zu hören
sind. Mit den Rufen sollen einerseits männliche
Konkurrenten vom eigenen Revier ferngehalten,
zugleich aber auch Weibchen angelockt werden.
Ihre Nahrung finden die Hohltauben vor allem
auf Wiesen mit Wildgräserbewuchs. Liegen diese
in der Nähe der Dünen, wie auf Amrum, müssen
die Tauben zum Fressen nicht weit fliegen.
Zumindest einige Brutvögel der Ostfriesischen
Inseln (Norderney, Baltrum und andere) fliegen
zur Nahrungsaufnahme jedoch bis auf das Festland hinüber.

Die Hohltaube
nutzt seit einigen
Jahrzehnten in
den Dünen der
Nordseeinseln
gern Kaninchen-
bauten zum Brü-
ten.

Die Fischerei ernährt die Möwen

Wer einmal mit dem Krabbenkutter unterwegs
war, wird es bestätigen: Hunderte von Möwen
sammeln sich hinter Fischkuttern und versuchen,
Fisch oder Garnelen (Krabben) zu ergattern. Wie
kommt es dazu? Bei der Fischerei nach Garnelen
mit den Krabbenkuttern werden ebenso wie bei
der Fischerei nach Seezungen und Schollen mit
den Baumkurren-Kuttern nicht nur die erwünsch-

ten Tiere gefangen, sondern auch viele andere Fische und Krebse. Dieser „Beifang" wird auf See meist wieder über Bord gegeben, weil die Fische oder Krebse entweder zu klein oder für den Menschen nicht schmackhaft genug sind. Für die Vögel bietet sich so die unverhoffte Gelegenheit, leicht an Nahrung heranzukommen. Dies ist insofern besonders praktisch für sie, als die meisten der gefangenen Fische und Krebse normalerweise zu tief im Wasser leben, um von Möwen und Seeschwalben überhaupt erbeutet werden zu können. Neuen Untersuchungen zufolge ist dieser Nebeneffekt der Fischerei für die Ernährung vieler Seevogelarten sehr wichtig geworden.

Dennoch entstehen hier für die Möwen und Seeschwalben neue Probleme. Die großen und viel robusteren Silbermöwen, die den zierlichen Seeschwalben, aber auch den Lachmöwen körperlich deutlich überlegen sind, versuchen ihnen die Nahrung abzujagen. Andererseits sind die kleineren Arten wendiger und gelangen schneller an die Beute.

Manche Vogelarten haben sich mittlerweile schon so stark auf den Beifang eingestellt, daß sie ihren Aktivitätsrhythmus an die Fischerei angepaßt haben. An Feiertagen oder während starker Stürme, wenn die Fischkutter nicht auf See fahren, entstehen mitunter Nahrungsengpässe, insbesondere bei Möwen. Auf Helgoland, wo im Winter und Frühjahr stets einige hundert Silber- und Mantelmöwen rasten, konnte mehrfach beobachtet werden, wie diese Vögel nach Ausbleiben der Fischerei entweder abwanderten oder auf andere Nahrung auswichen. Das gute Nahrungsangebot durch die Fischerei ist wohl auch der Grund dafür, daß die Heringsmöwen ihren Bestand an der deutschen Nordseeküste innerhalb der vergan-

Oben: Die Silbermöwe verzehrt alles, was die Natur ihr bietet. Hier ein Silbermöwen-Paar, das durchaus in langjähriger „Ehe" zusammenleben kann.
Links: Zum Balzverhalten der Küstenseeschwalbe gehört die Übergabe eines Fisches vom Männchen an das Weibchen.

genen 20 Jahre von nur etwa 100 Paare auf mittlerweile über 20 000 Paare steigern konnten.

Beim Fressen nicht stören: die Pfeifente

Die Pfeifente, im Herbst und Winter ein häufiger Schwimmvogel an den Küsten des Wattenmeeres, ist darauf angewiesen, gut 15 Stunden am Tag zu fressen.

Die Pfeifente ist im Herbst und Winter häufig in den durch Eindeichungen entstandenen wasserführenden Kögen anzutreffen – vor allem im Beltringharder und Rickelsbüller Koog in Nordfriesland. Diese nahe Verwandte der aus den Parks und Seen so gut bekannten Stockente ist zu dieser Zeit auf dem Durchzug von den Brutgebieten in Finnland und Nordrußland zu ihren Winterquartieren, die sich oft in West- und Südwesteuropa, aber auch in unseren Regionen befinden. Die Pfeifenten finden im schleswig-holsteinischen Wattenmeer jedoch keine optimalen Bedingungen. Zum einen ernähren sie sich überwiegend von wenig gehaltvollen und schlecht verdaulichen Gräsern, so z. B. Salzwiesen- und Weidegräsern, sowie von Winterweizen und Winterraps. Zum anderen weisen sie nur eine recht geringe Körpergröße auf. Dies hat zur Folge, daß sie relativ viel Energie verlieren, denn grundsätzlich gilt, daß kleine Tiere – im Verhältnis zu ihrem Körpergewicht – mehr Energie benötigen als größere. Um ihren Energie-, also ihren Nahrungsbedarf zu decken, müssen sie durchschnittlich gut 15 (!) Stunden am Tag fressen. Da die Tage im Herbst und Winter, wenn der Großteil der Pfeifenten im Wattenmeer anzutreffen ist, aber nur kurz sind, müssen Pfeifenten auch nachts fressen. Sie tun dies während etwa drei Viertel der Nacht und dann noch intensiver als am Tag. Dies wird ihnen durch ein gutes Dämmerungssehen ermöglicht. Der hohe Anteil an notwendiger Freßzeit führt für die Pfeifente aber zu einem entscheidenden Nachteil: Sie darf nicht zu oft gestört werden, da sie sonst nicht genug Nahrung bekommt. Mantelmöwen und Wanderfalken wurden als häufigste Freßfeinde der Pfeifenten ermittelt. Nähern sie sich fressenden Pfeifenten, fliegen diese auf oder unterbrechen zumindest die Nahrungsaufnahme. Passiert das zu oft, entsteht ein Nahrungsengpaß für die Tiere, da sie zum einen nicht genügend Zeit zum Fressen haben, zum anderen viel Energie für die Flucht aufwenden müssen. Dieses Gleichgewicht ist eigentlich gut austariert, wird aber durch den Menschen gelegentlich negativ beeinflußt. Wenn Pfeifenten von Menschen wiederholt gestört werden, bekommen sie nicht mehr genug Nahrung und müssen ihr angestammtes Gebiet verlassen. Im schlimmsten Fall können sie sogar verhungern.

Wo kommen die vielen Strandläufer her?

Sie sind sehr beeindruckend, die großen Trupps von Strandläufern, Wasserläufern und Regenpfeifern, die sich besonders im Spätsommer und Frühherbst sowie im Frühjahr auf den Wattflächen und am Vorland einstellen. Alpenstrandläufer, Austernfischer, Knutts, Pfuhlschnepfen und Große Brachvögel sind die häufigsten Vogelarten, auch wenn sie nicht immer gleichzeitig in großen Mengen anzutreffen sind. Während die meisten Strandläufer und Regenpfeifer nur während des Durchzugs von ihren Brutgebieten in Nordeuropa und Nordrußland zu ihren Winterquartieren in Westeuropa und Afrika im Wattenmeer verweilen, überwintern hier mitunter große Mengen an Austernfischern und Großen Brachvögeln. Kommt es dann zu kurzfristigen starken Kälteeinbrüchen, stirbt eine größere Anzahl dieser Tiere – vor allem deshalb, weil das Watt überfriert und ihnen die Nahrung damit kaum noch zugänglich ist. Bleibt der Winter aber warm, lohnt es sich, im Wattenmeer zu bleiben, denn die Nahrung ist weiterhin einigermaßen gut erreichbar.

Im Frühjahr bleiben die Limikolen, wie diese Watvögel bezeichnet werden, in aller Regel viel kürzer als im Spätsommer und Herbst. Die Ursache hierfür liegt darin, daß sie im Frühjahr schnell zu ihren Brutplätzen im hohen Norden zurückkehren müssen, um ein gutes Territorium zu besetzen. Erreichen sie nämlich die Brutplätze zu spät, haben ihre Artgenossen bereits die besten Areale in Besitz genommen. Somit haben diese auch die besten Chancen, schnell einen Partner zu bekommen und mit der Brut zu beginnen.

Die Limikolen dürfen aber auch nicht zu früh das Wattenmeer verlassen, denn sonst könnten sie in den Brutgebieten auf tage- oder gar wochenlang anhaltende eisige Witterung treffen. Ihnen bleibt dann kaum Gelegenheit, an Nahrung zu kommen, so daß sie entweder wieder zurückfliegen müssen oder sogar verenden.

Nachdem das Brutgeschäft absolviert ist, verlassen die Limikolen meist sofort ihre Brutplätze. Sie treffen dann bereits im Spätsommer wieder im Wattenmeer ein, und ihnen bleiben bis zur Reise in die Winterquartiere noch viele Wochen – eine gute Gelegenheit, die verbrauchten Fettpolster wieder aufzufüllen. Da die letzten Heimzügler ins nordische Brutgebiet noch bis Anfang Juni an der deutschen Nordseeküste verweilen, die ersten Vögel aber schon Ende des Monats aus dem Norden zurückkehren, sind hochnordische Watvögel oft den ganzen Sommer über an unseren Küsten zu sehen.

Wie kommt es aber, daß einige Limikolen schon

Oben: Der Große Brachvogel ist der größte europäische Watvogel. Auf dem Durchzug ist er häufig im Watt und in den angrenzenden Marschen anzutreffen. Der lange, gebogene Schnabel erlaubt es ihm, nach großen Würmern und Schalentieren im tiefen Wattboden zu suchen.

Links: Der Alpenstrandläufer gehört als Durchzügler zu den häufigsten Watvögeln. In großen Scharen kann er auf den trockenfallenden Wattflächen rasten und dort nach Kleintieren stochern.

so früh auf die Heimreise gehen? Bei einigen
Vogelarten übernimmt nur ein Partner die Aufzucht der Jungvögel, während der andere bereits
abreist. Diese aufwendige Aufgabe hat fast immer
das Weibchen, bei Arten wie dem Odinshühnchen
oder dem Dunklen Wasserläufer müssen dagegen
die Männchen die Hauptlast tragen. Einige Individuen verbleiben jedoch den ganzen Sommer über
im Wattenmeer, meist brutgestörte oder noch
nicht geschlechtsreife Tiere.

Mehr oder weniger Vögel als früher?

Präzise Aussagen darüber, wie häufig manche
Vogelarten „früher" auftraten, sind kaum zu treffen. Immer genaueren Untersuchungen aus heuti-
ger Zeit stehen grobe Schätzungen aus der Zeit
vor 50 bis 100 Jahren gegenüber. Die Gesamtbi-
lanz ist auf jeden Fall wenig erfreulich, auch wenn
einzelne Arten und Artengruppen heute zahlreicher vertreten sind als noch vor einigen Jahrzehnten.
Am leichtesten fällt die Beurteilung bei den Brutvögeln. Da der Brutlebensraum durch Bebauung,
Eindeichung, Trockenlegung und Intensivierung –
vor allem in der Landwirtschaft – immer weiter
eingeschränkt wird, nehmen die Brutbestände der
meisten Vogelarten ab. Durch Fischereiabfälle
und Düngung finden jedoch manche Vogelarten
wiederum verbesserte Lebensbedingungen vor.
Hinzu kommt, daß einige Vögel besser mit der
zunehmenden Besiedlung zurechtkommen als
andere. Während es den Möwen und Seeschwalben recht gut ergeht – was sicherlich auch daran
liegt, daß sie in großer Zahl auf kleinem Raum
brüten und überwiegend auf dem offenen Wasser
oder im Watt Nahrung suchen –, haben viele

Limikolen-Arten an der deutschen Nordseeküste drastisch abgenommen.

Die fast nur hier vorkommende südliche Unterart des Alpenstrandläufers ist beinahe ausgestorben, ebenso der farbenprächtige Kampfläufer. Diese letztgenannte Art benötigt sehr feuchtes Grünland, wie es heute fast nirgendwo mehr existiert. So sieht man jetzt selbst an der Küste nur noch selten die beeindruckende Balz der Kampfläufer, bei der viele Männchen mit aufgestellten Federn in verschiedenen Farben um die schlicht gefärbten Weibchen werben. Auch Rotschenkel und Uferschnepfe, früher allgegenwärtig in den Marschen und auf den Inseln, sind mittlerweile vielerorts verschwunden. Derartige Listen ließen sich beinahe beliebig fortsetzen.

Es sind aber auch, wohl unabhängig von möglichen Lebensraumveränderungen vor Ort, überregionale Phänomene zu beobachten. So besiedelte die Lachmöwe, heute ein häufiger Brutvogel der Küste, vor 1930 die deutsche Nordseeküste überhaupt nicht. Der Grund für die bald danach einsetzende Ausbreitung ist wahrscheinlich ein starker Bestandsanstieg an den klassischen Brutplätzen im Binnenland, meist an Seen oder Mooren. Die reichhaltige Wattfauna, aber auch die vielen angrenzenden Grünlandflächen und der Krabbenkutter-Beifang erleichterten der Lachmöwe, die durchaus als Allesfresser bezeichnet werden kann, die Ansiedlung an der Küste.

Dies sind einige Beispiele aus der vielfältigen Vogelwelt an Brutvögeln und Durchzüglern im Vorland und auf den Inseln. Aber nicht nur die auffälligen, gut bekannten oder besonders gefährdeten Arten machen den Reiz der Nordseeküsten-Vogelwelt aus, sondern auch die vielen unauffälligen oder von anderen Orten her gut bekannten

Vogelarten. Stare sammeln sich auf einigen Inseln in großen Mengen; die Schwärme bestehen zum Teil aus Jungvögeln im grauen Jugendkleid, zum Teil, vor allem nach der Brutzeit, aber auch aus den schwarzen Altvögeln. Schön anzuschauen sind ebenso die Dohlen, die auf vielen Inseln und in Dörfern im Küstenbereich gut zu beobachten sind. Ähnlich wie die Hohltaube besiedelt die Dohle nicht nur Baum-, sondern auch Kaninchenhöhlen. Am häufigsten werden Nester jedoch auf und an Hausdächern angelegt, besonders gerne in Schornsteinen – jeder Schornsteinfeger kennt diese lustigen Gesellen.

Zu den auffälligen Erscheinungen in der Vogelwelt Norddeutschlands gehören die Fasane. Sie sind so zutraulich, daß sie erst im letzten Moment auffliegen oder weglaufen. Dieser eigentlich in Asien heimische Vogel wurde in Mitteleuropa eingebürgert. Auch heute werden Fasane noch alljährlich ausgesetzt, doch diese Tiere sind dem kalten Winterklima in Norddeutschland eigentlich nicht gewachsen und sterben daher in harten Wintern in größerer Anzahl. Jagdliebhaber wollen auf diesen Vogel jedoch nicht verzichten und ergänzen den Bestand alljährlich.

Obwohl die Nordseeküste ein sehr dynamischer Lebensraum ist, führen viele Eingriffe des Menschen zu einer immer stärkeren Einschränkung der Brutmöglichkeiten, Aktionsräume und Ernährungsmöglichkeiten der dort lebenden Vogelarten. So wird die Vielfalt der Arten immer geringer, denn nur wenige vermögen sich in dem erforderlichen hohen Tempo dem Wandel ihrer Umwelt anzupassen – wenn es ihnen überhaupt gelingt. Der Erhalt der ursprünglichen bzw. wenig beeinträchtigten Naturlandschaften sollte jedem Bewohner und Feriengast ein Anliegen sein.

Die häufigsten See- und Küstenvögel an der deutschen Nordseeküste[1]

Lachmöwe	59 500
Silbermöwe	46 100
Austernfischer	30 400
Heringsmöwe	21 000
Rotschenkel	9 400
Brandseeschwalbe	8 800
Kiebitz	7 100
Küstenseeschwalbe	7 100
Säbelschnäbler	7 000
Sturmmöwe	6 800
Flußseeschwalbe	6 500
Brandgans	3 800
Uferschnepfe	1 700
Eiderente	1 500

[1] Brutvögel im Jahr 1995; angegeben ist die Zahl der Paare (nach Südbeck & Hälterlein, 1997)

Auf der Sandbank: Auch Seehunde tanken Sonnenlicht
Dieter Adelung

Wohlig räkeln sich die drei Seehunde in der Sonne, die hinteren, zu Flossen umgestalteten Beine zusammengefaltet. Nur selten heben sie den Kopf, um zu sichern. Im hellen Sonnenlicht kneifen sie ihre großen Kugelaugen, die zum Sehen an Land weniger gut geeignet sind als im Wasser, ein wenig zu. Auch ein Laie bemerkt, daß sie sich wohl und sicher fühlen. Ihr im Wasser graues, mit zahlreichen schwarzen Flecken gesprenkeltes Fell ist von der Sonne getrocknet und erscheint hellbraun und ein wenig strubbelig. Dieses friedliche Bild bietet sich häufig an warmen Sommertagen in der Seehundaufzuchtstation Friedrichskoog an der Westküste Schleswig-Holsteins. Kein Wunder, daß sich die Seehunde sicher fühlen, denn sie leben hier schon, seitdem sie als verlassene kleine Heuler vor vielen Jahren aufgenommen wurden. Ohne menschliche Hilfe wären sie nicht überlebensfähig gewesen. Doch obwohl sie mit dem Menschen vertraut sind, haben sie alle Instinkte eines wilden Tieres bewahrt. Eine ähnliche Szene kann auch in Ostfriesland in der Aufzuchtstation Norden-Norddeich beobachtet werden.

Verschiedene Lebensräume: Sandbänke und Wasser

Ein solch friedliches Bild bietet sich im Sommer oftmals auch auf einer Sandbank draußen im Wattenmeer, wo sich manchmal mehr als hundert Tiere sonnen. Die UV-Strahlen der Sonne begünstigen die Bildung des lebenswichtigen Vitamins D, das die Seehunde u.a. für den Haarwechsel benötigen, der jährlich einmal in der Zeit zwischen Mitte Juni und Mitte September stattfindet. Die Sandbank bietet ihnen genug Platz, um voneinander etwa einen Meter Abstand zu halten.

Aufmerksam schauen die ruhenden Seehunde auf den Betrachter. Im Hintergrund wartet eine Mantelmöwe auf den Kot der Seehunde.

Ein Bild der Ruhe und Beschaulichkeit – erwachsene Seehunde sonnen sich auf der Sandbank. Das angrenzende Nordseewasser dient als Jagdrevier.

Ganz anders geht es in den norwegischen Schären
oder an der Küste Schottlands zu. Hier sind die
Liegeplätze so knapp, daß sich die Seehunde oft
dicht auf den wenigen geeigneten Klippen zusam-
mendrängen müssen.

Wenn man sich mit dem Schiff der Sandbank nä-
hert, kommt man selten so nahe an die Tiere heran, daß man sie wie in der Aufzuchtstation ohne
Fernglas genau betrachten kann. Immer passen
einige Tiere auf und wittern, denn sie sind sehr
scheu. Schon auf mehr als hundert Meter Entfernung können sie bei günstig stehendem Wind den
Menschen wahrnehmen. Dann robben sie flüch-
tend von ihrem Liegeplatz mit erstaunlich hoher
Geschwindigkeit ins Wasser. Das Meer ist ihnen
im Laufe der Evolution zur eigentlichen Heimat
geworden. Hier fühlen sie sich sicher. Daher wäh-
len sie möglichst auch einen Liegeplatz an der steil
in das Wasser abfallenden Kante der Sandbank.
Von dort aus können sie schnell ins Wasser gelangen. Zum Robben nutzen sie nur ihre kräftige
Bauch- und Rückenmuskulatur, die Hinterbeine
werden überhaupt nicht und die Vorderextremitä-
ten nur zum Abstützen eingesetzt.

Bereits vor 25 bis 26 Millionen Jahren trennten
sich die Vorfahren der heutigen Seehunde von
marderartigen Landtieren und gingen zum Leben
im Wasser über. Inzwischen haben sie sich hervorragend an dieses Element angepaßt. In der freien
Natur sieht man nur den bis zur Schnauzenspitze
aus dem Wasser herausragenden Kopf. In einer
Aufzuchtstation oder in einem Zoo kann man die
Tiere aber auch unter Wasser schwimmen sehen.
Scheinbar schwerelos gleitet ihr wie eine Spindel
geformter, der Stromlinie optimal angepaßter
Körper durch das Wasser. Nur durch wenige kräftige Seitenbewegungen des Hinterkörpers ange-

trieben, schießen sie plötzlich mit hoher Geschwindigkeit davon. So erreicht ein Seehund eine Spitzengeschwindigkeit von bis zu 35 Kilometern pro Stunde. Die Fortbewegung wird durch die nach hinten gestellten Beine, deren Zehen durch Schwimmhäute verbunden sind und die wie Flossen wirken, kräftig unterstützt. Die Vorderbeine sind an den Körper angelegt und werden nur zum Steuern abgespreizt. Wegen ihrer flossenartigen Extremitäten werden alle Robben als Flossenfüßer oder wissenschaftlich als Pinnipedia bezeichnet. Die Familie der Hundsrobben, zu denen der Seehund gehört, ist von allen Robbenarten am besten an das Wasserleben angepaßt, besser als die an Land wendigeren Ohrenrobben und die Walrosse. So können sie beispielsweise schneller schwimmen als Seelöwen.

Auffallende Anpassungen an das Leben im Wasser sind das Fehlen äußerer Ohren und die Unfähigkeit, an Land auf den Beinen zu laufen. Dies und das kurze Fell machen die Körper der Seehunde stromlinienförmiger. Beim Abtauchen werden automatisch der Gehörgang und die Nasenöffnungen verschlossen.

Seehunde vermögen tiefer als 200 Meter zu tauchen. In dem flachen Wattenmeer haben sie allerdings keine Gelegenheit dazu. Ohne Schwierigkeiten können sie bis zu zehn Minuten unter Wasser bleiben, ohne Luft zu holen. Dabei hilft ihnen, daß sie, wie andere Meeressäuger auch, mehr Sauerstoff in ihrem Körper speichern können als Landtiere. Außerdem wird beim Tauchen Sauerstoff gespart, indem die Herzschlagfrequenz von 120 bis 150 Schlägen pro Minute auf nur 2 bis 10 absinkt und lediglich besonders lebenswichtige Organe wie das Gehirn durchblutet werden. Seehunde können sogar im Wasser schlafen und sinken dabei bis zum Boden ab. Zum Luftholen treiben sie langsam nach oben, um einige Atemzüge zu nehmen, und sinken erneut nach unten. Dies geschieht automatisch und kann sich viele Male wiederholen, ohne daß die Tiere aufwachen. Eine weitere wichtige Anpassung besteht in der guten Isolierung ihres Körpers gegenüber dem kalten Wasser. Eine bis zu fünf Zentimeter starke Speckschicht unter der Haut schützt sie vor Auskühlung. Ihr Fell aus kurzen Deckhaaren und nur wenigen Wollhaaren allein wäre da kaum von Nutzen.

Alter und Fortpflanzung

Wenn man Ende Juni oder im Juli Seehunde beobachtet, dann sieht man auf der Sandbank viele erwachsene und halbwüchsige Tiere. Die ausgewachsenen Männchen können bis zu 1,70 Meter lang werden und bis 120 Kilogramm wiegen. Die Weibchen bleiben mit weniger als 1,60 Meter Länge kleiner und werden höchstens 90 Kilogramm schwer. Zwischen den großen Tieren finden sich auch sehr kleine, oft gerade erst wenige Tage alte Seehundbabys. Der Juli ist nämlich die Hauptwurfzeit der Seehunde. Robbenbabys werden immer an Land geboren. Dies ist nicht selbstverständlich, denn die Hälfte der Zeit sind die Sandbänke überflutet. Doch die Seehundmütter können die Geburt so verzögern, daß sie immer bei Ebbe erfolgt. Im Normalfall sind es Einzelgeburten, nur in sehr seltenen Fällen gibt es Zwillinge, von denen jedoch immer nur einer überlebt. Ohnehin ist die Sterblichkeit mit 30 bis 60 Prozent in den ersten Monaten sehr hoch. Manchmal kommt ein junger Seehund mit dem weißen langhaarigen Lanugofell zur Welt. Doch

Nicht immer, wenn ein „Heuler" am Strand gefunden wird, hat das Muttertier dauerhaft den Kontakt zu ihm verloren.

dieses bleibt nur wenige Tage bestehen. Normalerweise erfolgt der erste Fellwechsel bereits im Mutterleib, so daß das Junge mit dem typischen kurzhaarigen Seehundfell geboren wird.

Direkt nach der Geburt können die kleinen Seehunde bereits schwimmen. Dies ist auch notwendig, weil die Sandbank mit der kommenden Flut wieder überspült wird. Allerdings schwimmen die Babys noch nicht so perfekt wie ihre Mütter, sondern rudern zur Unterstützung der normalen Schwimmbewegungen zusätzlich kräftig mit den Vorderbeinen. Jedoch werden sie schon in den ersten zwei Wochen zu perfekten Meisterschwimmern.

Kurze Zeit nach der Geburt finden die Paarungen der Alttiere statt, so daß sich für die Weibchen eine Tragzeit von elf Monaten ergibt. Allerdings ruht der Keim die ersten ein bis zwei Monate, bevor er zu wachsen beginnt.

Eine oft gestellte, jedoch schwer zu beantwortende Frage ist die nach der Lebenszeit der Seehunde. Wenn das erste Lebensjahr überstanden ist, nimmt die Sterblichkeit deutlich ab: Nur noch ein geringer Prozentsatz in den einzelnen Altersklassen stirbt. Ab einem Alter von 15 Jahren nimmt die Todesrate wieder zu, und ein 25 bis 30 Jahre altes Tier in freier Wildbahn muß als sehr alt bezeichnet werden. Allerdings sind auch vereinzelt Seehunde über 40 Jahre alt geworden, aber dies ist eine große Ausnahme.

In diesem Zusammenhang ist auch die Vermehrungsrate von Bedeutung. Da die männlichen Seehunde mit fünf bis sechs Jahren und die Weibchen mit drei bis fünf Jahren geschlechtsreif werden und sie sich bis kurz vor ihrem Tod jährlich fortpflanzen können, kann ein Paar bei einer, allerdings hoch gegriffenen mittleren Lebensdauer von

20 Jahren theoretisch 15 Seehunde zur Welt bringen. Von diesen dürften im günstigsten Fall zwei
bis drei das Alter ihrer Eltern erreichen.

Ernährung

In den ersten drei bis sechs Wochen werden die
Seehundbabys von ihrer Mutter mit einer wahren
Kraftnahrung gesäugt. Die Seehundmilch enthält
nämlich 45 Prozent Fett, was dazu führt, daß die
Babys ihr Geburtsgewicht von sieben bis zehn
Kilogramm am Ende der Stillzeit verdreifacht
haben. Das Säugen erfolgt stets auf der Sandbank.
Am Ende der Stillzeit besitzt der junge Seehund so
viele Fettreserven, daß er bis zu zwei Wochen
hungern kann. In dieser Zeit muß er lernen, selbst
Nahrung zu suchen. Anders als seine Mutter
ernährt er sich in der ersten Zeit nicht von Fisch,
sondern von den am Boden lebenden Garnelen
(Nordseekrabben). Ob und wie lange er in der
freien Natur noch Kontakt zu der Mutter hält,
wissen wir nicht. Im Zoo bleibt die Beziehung
noch über Wochen bestehen, wird allerdings
immer lockerer.
Einige Zeit später frißt der junge Seehund neben
den Garnelen auch kleinere Fische, bis dann fast
ausschließlich Fisch auf dem Speiseplan steht.
Davon sind 50 Prozent kleinere Plattfische, meistens Schollen. Mit 32 Prozent gehören auch
Grundeln zur bevorzugten Nahrung. Der Rest
entfällt auf andere Fische und Krebse. Insgesamt
benötigt ein ausgewachsener Seehund gut zwei
Kilogramm Fisch täglich.
Wie finden aber Seehunde ihre Nahrung? Da
seine Beutetiere überwiegend in Bodennähe leben,
schwimmt der Seehund bei guten Lichtbedingun-
gen im Flachen auf dem Rücken dicht über dem

Meeresboden. So kann er die Fische gut mit den Augen erkennen. Aber auch seine langen Barthaare, die Vibrissen, spielen bei der Nahrungssuche eine wichtige Rolle, denn oft ist das Wasser so trübe, daß er seine Beute kaum sehen kann. Dann schwimmt er in normaler Lage und kann mit den Vibrissen seine Beutetiere orten. Möglicherweise spielen sie beim Fang sogar eine wichtigere Rolle als die Augen, denn es wird von einem blinden Seehund im Wattenmeer berichtet, der trotz seiner Behinderung gut genährt war. Vielleicht setzt er die Vibrissen sogar zur Orientierung ein, da er mit ihnen auch Strömungen wahrnehmen kann. Welche Rolle das Gehör beim Beutefang spielt, ist noch ungeklärt. Jedenfalls kann ein Seehund im Wasser sehr viel besser hören als der Mensch. Er nimmt noch Frequenzen bis 180 000 Hertz wahr, der Mensch dagegen nur bis zu 20 000 Hertz.

Heulerproblematik

Im Wasser halten sich junge Seehunde immer dicht bei ihrer Mutter auf. Es ist aber einleuchtend, daß die Jungtiere in den ersten Wochen ein höheres Ruhebedürfnis haben als die Altiere und daher so oft wie möglich auf der Sandbank ruhen. Um Nahrung für sich zu suchen, geht die Mutter aber auch ins Wasser, während der kleine Seehund auf der Sandbank zurückbleibt. Dauert die Trennung zu lange, so fängt das Junge zu rufen an, weswegen man es als Heuler bezeichnet. Bei ihrer Rückkehr erkennt die Mutter ihr Kind an der Stimme und kann es daher schnell aufspüren. Anschließend wird es noch beschnüffelt, denn auch der individuelle Geruch muß stimmen, damit die Mutter ihr Kind akzeptiert.
Manchmal kommt eine unfreiwillige Trennung

zustande, denn es passiert immer wieder, daß ein
starker Sturm Mutter und Kind im Wasser trennt.
Meistens, aber nicht immer, findet die Mutter ihr
Kind wieder.
Trennungen können jedoch auch durch Rück-
sichtslosigkeit oder Unkenntnis erfolgen, beispielsweise dadurch, daß sich Menschen der Sandbank zu dicht nähern. Die scheuen Tiere flüchten
dann panikartig ins Wasser und verlieren sich
dabei aus den Augen. Ist ein Heuler mehr als zwei
Tage allein, so verhungert er, wenn man ihm nicht
hilft. Eine solche Hilfe darf aber nur durch die
dafür bestellten Seehundjäger erfolgen. Nur diese
können beurteilen, ob ein Tier wirklich hilfsbe-
dürftig und auch überlebensfähig ist. In diesem
Fall wird der Heuler zu einer der wenigen amtlich
zugelassenen Seehundstationen gebracht, um dort
in mühevoller Arbeit aufgezogen zu werden. Nach
etwa zwei Monaten kann er mit einem Gewicht
von meist mehr als 30 Kilogramm ausgewildert
werden. Allerdings gibt es gegen die Aufzucht und
Auswilderung auch einige durchaus berechtigte
Bedenken. In keinem Fall kann man die Aufzucht
damit rechtfertigen, daß dadurch ein Beitrag zur
Arterhaltung geleistet wird. Glücklicherweise
haben wir im Wattenmeer heutzutage einen sehr
gesunden, sich selbst erhaltenden und weiter
wachsenden Bestand von über 13 000 Seehunden,
weltweit sind es sogar 300 000 bis 400 000
Exemplare.

Bedrohte Lebenswelt

Im Wattenmeer haben die Seehunde keine natürlichen Feinde, denn neben ihnen gibt es an vergleichbar großen Tieren nur noch kleinere Bestände an Kegelrobben und Schweinswalen. Haie oder

Schwertwale, die ihnen gefährlich werden könnten, existieren hier nicht. Deshalb können es sich
die Seehunde auch leisten, unter Wasser zu schlafen. In anderen Teilen der Welt ist dies anders. So
gehen die Seehunde an der kalifornischen Pazifik-
küste nur nachts auf Nahrungssuche ins offene
Wasser, weil dort bei Tage Haie als Gefahr lauern.
Als Hauptfeind des Seehunds muß aber, wie bei
vielen Tieren, der Mensch angesehen werden. Erst
1976 wurde in Dänemark als letztem Anrainer-
land des Wattenmeeres die Jagd auf Seehunde ver-
boten. Danach konnte sich der Bestand von ca.
4000 Tieren allmählich bis 1988 auf über 10 000
erholen.
Heute sind die Seehunde nicht mehr durch die
Jagd, sondern dadurch gefährdet, daß sie auf
ihren Ruhebänken gestört werden. Eine weitere
Bedrohung ergibt sich vereinzelt durch die Stell-
netzfischerei. So verfangen sich immer wieder Seehunde auf der Jagd nach Fisch in den ausgebrach-
ten Fischnetzen. Glücklicherweise hält sich aber in
Deutschland die Zahl der in den Netzen verfange-
nen und ertrunkenen Tiere insgesamt in Grenzen.
Erfreulicherweise halfen die umfassenden Schutz-
maßnahmen auch, die Störungen der Seehunde
auf den Liegeplätzen durch neugierige Touristen
zu verhindern.
1988 kam es dennoch zu einer als Seehundsterben
bekannten Katastrophe, die in letzter Konsequenz
vom Menschen verursacht wurde. So gilt als weitgehend gesichert, daß Sattelrobben aus arktischen
Gewässern aufgrund eines durch Überfischung
herbeigeführten Nahrungsmangels in die Nordsee
eindrangen und die dort lebenden Seehunde mit
dem sogenannten Seehundstaupevirus (Morbilli-
Virus) infizierten. Gegen dieses Virus waren zwar
die Sattelrobben selbst immun, nicht aber die See-

Die Kegelrobbe ist deutlich größer als der Seehund und wird an der deutschen Nordseeküste viel seltener gesichtet. Das Fell ist überwiegend grau und von unregelmäßigen schwarzen Flecken durchsetzt.

hunde. Es bewirkt eine starke Schwächung des Immunsystems, so daß die meisten Seehunde nicht an dem Virus selbst, sondern an Sekundärinfektionen starben. Ungefähr zwei Drittel des Bestandes verendeten aufgrund dieser Virusinfektion qualvoll.

Ob und in welchem Umfang die Verschmutzung der Nordsee das Immunsystem der Seehunde bereits vorgeschädigt hatte, so daß sie für das Virus empfänglich waren, ist unter Experten sehr umstritten. Sicher ist jedoch, daß die Seehunde als Endglieder der Nahrungskette insbesondere organische Schadstoffe in ihrem Fett stark anreichern. Diese Schadstoffe können dann u.a. das Immunsystem schädigen, wenn sie z.B. in Hungerphasen aus dem Fettdepot freigesetzt werden. Aber auch andere Schadstoffe dürften generell die Konstitution der Tiere negativ beeinflussen. Allerdings liegen hierzu bisher nur wenige Forschungsergebnisse vor.

Glücklicherweise, und für die meisten Experten überraschend, erholte sich der Bestand recht schnell und und umfaßt um die Wende zum 21. Jahrhundert wieder weit mehr Tiere als vor dem Katastrophenjahr 1988.

Wie geht die Entwicklung weiter? Der niederländische Seehundexperte P. Reijnders hat aufgrund historischer Daten ermittelt, daß im vorigen Jahrhundert ca. 37 000 Seehunde in der Nordsee gelebt haben. Eine wichtige Frage ist, ob die Nordsee heute überhaupt so viele Tiere ernähren kann. So ist die Fischerei heute viel intensiver geworden und damit auch die Konkurrenz um den Fisch, das wichtigste Beutetier der Seehunde. Erfreulicherweise sind aber alle heute im Wattenmeer lebenden Seehunde noch gut genährt – ein Zeichen dafür, daß es für Fischer und Seehunde gemeinsam genug Nahrung gibt. Über das Leben der Seehunde an Land wissen wir recht viel, im Wasser aber sind sie für uns weitgehend unbekannte Wesen. Hier besteht noch ein großer Forschungsbedarf, denn nur wenn wir sie gut kennen, können wir sie auch gut schützen.

Gibt es Wale in der Nordsee?
Dieter Adelung

Die meisten Leute denken bei der Frage, ob es
Wale in der Nordsee gibt, an Großwale wie die
Blau-, Buckel-, Sei- oder Finnwale, vielleicht auch
noch an Pott- und Schwertwale. Der Schwertwal
ist vielfach besser unter dem Namen „Killerwal"
bekannt. Diese Bezeichnung ist irreführend, weil
ein solcher Wal nie sinnlos tötet, sondern nur,
wenn er Nahrung benötigt. Oft jagen die Tiere gemeinsam und sind dabei sehr erfolgreich.
Gelegentlich erregen Wale auch dadurch Aufse-
hen, daß in den Medien von einer Strandung solcher Meeresriesen berichtet wird. So erfolgten
1996 und im Dezember 1997 Massenstrandungen
einer Herde von 16 bzw. 13 Pottwalen auf der
dänischen Insel Rømø. Meistens werden jedoch
die Großwale einzeln angespült. Dabei handelt es
sich um Tiere, die sich auf ihren weiten Wanderungen durch die Ozeane in das Wattenmeer ver-
irrt haben. Hier werden ihnen die vorhandenen
Untiefen zum Verhängnis, die sich insbesondere
während der Niedrigwasserstände als Fallen auswirken.
Die Gründe dafür, daß sich die Wale verirren,
kennen wir nicht. Vielleicht sind sie blindlings
einem Fischschwarm gefolgt, oder ihr Navigati-
onssystem hat versagt. Vielleicht sind sie auch nur
aus Neugierde vom Wege abgekommen. Mit
anderen Worten: Es gibt in der Nordsee keine
Großwale, die hier heimisch sind, und schon gar
nicht im Wattenmeer!
Gibt es dort aber andere Wale? Diese Frage läßt
sich eindeutig mit „ja" beantworten. So kommen
außerhalb des Wattenmeeres Delphine in der
Nordsee vor. Manchmal gelangen sie auch in das
Wattenmeer, halten sich aber dort nicht für längere Zeit auf. Merkwürdigerweise zählen viele
Menschen die Delphine nicht zu den Walen. Sie

Der Schweinswal, in den Sommermonaten gehäuft vor Amrum und Sylt zu beobachten, ist der kleinste Zahnwal überhaupt. Er kann sich schon mal unter die Badenden mischen. Auffällig ist die dunkel bis schwarz gefärbte Oberseite; die Bauchseite ist dagegen weiß.

gehören aber zur Gruppe der Zahnwale. Der größte Delphin ist der Schwertwal.
In der Nordsee treten der gewöhnliche Delphin (Delphinus delphis), der Große Tümmler (Tursiops truncata) sowie der Weißseitendelphin (Lagenorhynchus acutus) und der Weißschnauzendelphin (Lagenorhynchus albirostris) auf – allerdings wegen der niedrigen Wassertemperaturen nicht häufig und eher als Gast.

Der Schweinswal

Die einzige wirklich in der Nordsee und im Wattenmeer heimische Walart ist der Schweinswal (Phocaena phocaena). Seine Oberseite ist dunkel bis schwarz und die Bauchseite weiß gefärbt. Im Deutschen wird er auch als Braunfisch, Meerschwein oder Kleiner Tümmler bezeichnet. Alle diese Bezeichnungen sind unzutreffend. So ist er kein Fisch, sondern ein Säugetier, er gehört auch nicht zur Familie der Delphine, denn ihm fehlt der für die meisten Delphine typische Schnabel, und deshalb sollte man ihn auch nicht Tümmler nennen. Er hat vielmehr ein abgerundetes Kopfprofil und ist der kleinste Zahnwal überhaupt. Der Name Meerschwein geht bereits auf die Römer zurück, von denen er wegen seiner dicken Speckschicht und seines zarten Fleisches so genannt wurde. Sonst hat er jedoch überhaupt nichts an sich, was an ein Schwein erinnert. Maximal soll er 190 Zentimeter lang werden, aber in der Nordsee ist bisher ein so langer Schweinswal noch nicht gefunden worden. Hier erreichen die größten Weibchen eine Länge von ungefähr 170 Zentimetern. Die Männchen bleiben im Mittel zehn Zentimeter kleiner.
Anders als die Delphine, die gewöhnlich gesellig

in oft großen Gruppen durch das Wasser pflügen, sind die Schweinswale Einzelgänger, die nur gelegentlich in Zweier- oder Dreiergruppen gesichtet werden. Sie kommen – im Unterschied zu den neugierigen Delphinen – auch nicht dicht an Boote heran. Daher werden sie leicht übersehen, obwohl sie sich bevorzugt in Küstengewässern aufhalten. Manchmal können sie sogar Badende erschrecken. So passiert es immer wieder einmal Badegästen vor Sylt, daß zwischen ihnen im Wasser die dreieckige Rückenfinne eines Schweinswals auftaucht, die zuerst mit der eines Hais verwechselt wird. Aber so große Haie leben vor Sylt und in den ganzen Küstengewässern der Nordsee nicht! Was aber den Schweinswal veranlaßt, sich unter die Badenden zu mischen, können wir nur vermuten. Schweinswale sind reine Fischfresser. Neueste Untersuchungen über ihren Speisezettel in der Nordsee haben gezeigt, daß vom Gewicht her fast die Hälfte der Nahrung aus Plattfischen besteht. Diese Fische leben am Meeresgrund, ebenso der Sandaal, der immerhin noch 19 Prozent der Nahrung ausmacht. Es ist denkbar, daß diese Fische durch Schwimmer vom Boden aufgescheucht und so von den Schweinswalen leichter entdeckt werden. In der Ostsee ist dagegen der Dorsch mit 90 Prozent Gewichtsanteilen der wichtigste Nährfisch, danach folgen mit vier und fünf Prozent der Hering und die Sprotte, die in der Nordsee von den Schweinswalen überhaupt nicht gefressen werden.

Volkszählung

Aufgrund ihrer sehr verborgenen Lebensweise sind die Schweinswale schwer zu zählen. Eine Erfassung ist nur bei gutem Wetter und ruhiger

See möglich, wenn man vom Flugzeug aus bis zu zwei Meter tief ins Wasser sehen kann. Solche Flugzählungen, bei denen von den gesichteten Tieren in einem komplizierten Berechnungssystem auf die abgetauchten Tiere geschlossen wird, haben ergeben, daß in der Nordsee insgesamt ca. 270 000 Schweinswale leben, davon im Küstenbereich zwischen dem dänischen Esbjerg und der Elbmündung immerhin 6000 Tiere. Der Bestand ist nicht etwa gleichmäßig über die Küstenregion verteilt, sondern die Wale treten, zumindest in den Sommermonaten, gehäuft vor den Inseln Sylt und Amrum auf. Hier finden wir auch die meisten Kälber, die stets von ihren Müttern begleitet werden. Daher nimmt man an, daß das Seegebiet vor diesen beiden Inseln ein wichtiges Aufzuchtgebiet für Schweinswale darstellt.

Fortpflanzung

Die Weibchen werden in der Nordsee mit vier bis sechs Jahren und die Männchen wahrscheinlich etwa ein Jahr später geschlechtsreif. Von da an bringen die Weibchen fast jedes Jahr ein Kalb zur Welt.
Die Paarung erfolgt in der Zeit zwischen Juli und August. Die befruchtete Eizelle ruht aber zunächst ein bis zwei Monate, bevor sie sich in der Gebärmutter einnistet und der Embryo zu wachsen beginnt. Auf diese Weise ergibt sich eine Tragzeit von zehn bis elf Monaten. Bei der Geburt, die zwischen Ende Mai und Ende Juli erfolgt, ist das Kalb bereits gut 70 Zentimeter lang und kann über acht Kilogramm wiegen. Es wird von der Mutter bis zu einem Alter von acht Monaten gesäugt. Dazu legt sie sich dicht unter der Wasseroberfläche auf die Seite. Das Kalb kann so beim

Säugen sein Blasloch zum Atmen aus dem Wasser halten. Mit dem Mund umgreift es die eine der beiden Zitzen, die normalerweise in einer Hautfalte am Bauch verborgen liegen, und bekommt die Milch von der Mutter direkt in den Mund eingespritzt. Das Kalb muß also eigentlich gar nicht saugen. Wie bei allen Meeressäugern ist die Milch sehr fett und äußerst nahrhaft. Ab dem fünften Monat können schon kleine Fische gefressen werden. Die Jungtiere wiegen dann bereits gut 25 Kilogramm.

Wahrscheinlich werden Schweinswale im Mittel 15, höchstens aber 20 Jahre alt. Allerdings sind Angaben über das Lebensalter bei Walen sehr unsicher. Bekannt ist jedoch, daß die Sterblichkeit in den ersten drei Jahren recht hoch ist und dann schrittweise abnimmt. Insbesondere nach dem ersten Jahr liegt oft keine natürliche Todesursache vor, sondern die Schweinswale sind in Fischernetzen ertrunken. Zwar spielt diese Todesursache in deutschen Gewässern nur eine geringe Rolle, aber in Dänemark ertrinken jährlich bis zu 7000 Tiere in den Stellnetzen. Vermutlich liegt die Dunkelziffer sogar weit höher. Ob die Schweinswale die feinen Netze nicht erkennen können oder ob sie diese zwar wahrnehmen, aber durch den gefangenen Fisch angelockt werden, ist noch fraglich. Hauptsächlich wegen der Gefährdung durch den Fischfang mit Stellnetzen muß der Schweinswal in der Nordsee als eine bedrohte Art angesehen werden. Angesichts der vom Menschen verursachten hohen Todesrate ist der Bestand trotz guter Fruchtbarkeit keineswegs stabil. Es bleibt die Hoffnung, daß die Wissenschaft rasch ein Verfahren entwickelt, um diesen nicht gewollten Beifang zu verhindern, so daß uns die einzige heimische Walart erhalten bleibt.

Nationalpark Wattenmeer
Hans Theede

Die große zusammenhängende Wattenlandschaft
an unserer Nordseeküste ist von besonderer
Eigenart und Schönheit. Dieser amphibische
Übergangsbereich vom Land zum Meer mit seinen
Watten, Prielen und Sandbänken, mit Salzwiesen
und Halligen erstreckt sich in einem bis zu 20 Kilometer breiten Streifen von Den Helder in den
Niederlanden bis Esbjerg in Dänemark. Wech-
selnde Stärken von Sedimentation und Erosion
führen zu ständigen Veränderungen des Wattbodens. Ebenso charakteristisch sind die extremen
Lebensbedingungen in diesem sich stetig wandeln-
den Raum. Hier begegnen sich zahlreiche speziell
angepaßte Organismen, die vom Land und vom
Meer her eindringen und eine hohe Produktivität
entfalten. Viele von ihnen kommen nur an solchen Grenzstandorten in Massen vor, können sich
dagegen in anderen Gebieten nicht voll entfalten,
da sie dort von konkurrenzkräftigeren Arten ver-
drängt werden.
Die ökologische Bedeutung des Watts reicht weit
über seine Grenzen hinaus. Die hohe Bioproduk-
tion ist Voraussetzung für das Nachwachsen der
Fischbestände. Außerdem dient das Wattenmeer-
Gebiet als Brutregion oder als Rast- und Nah-
rungsaufnahmegebiet für viele seltene Vogelarten,
die hier einen Zwischenstopp auf dem weiten Flug
in ihre entfernten Brutgebiete oder Winterquartiere einlegen, um ihre Energiespeicher aufzufüllen. Das Wattenmeer bietet auch Lebensraum für
Seehunde und die selteneren Kegelrobben sowie
vor den Inseln Sylt und Amrum zur Aufzucht von
Schweinswalen. Auch der Mensch ist eng mit dieser Landschaft am Meer verbunden, hat er sich
doch hier in jahrhundertelanger Auseinanderset-
zung mit den Naturgewalten eigene Lebensgrund-
lagen geschaffen. Durch Landgewinnung, Eindei-

chungen, Entwässerungsmaßnahmen, Landwirtschaft und Fischerei hat er das Bild dieses Küsten-
raumes entscheidend mitgeprägt.

Gefährdungen

Die empfindlichen Komponenten dieses außerordentlich bedeutsamen Groß-Ökosystems werden
durch eine Fülle von äußeren Einflüssen bedroht:
Pflanzennährstoffe, die mit der Schmutzfracht der
Flüsse und über die Atmosphäre eingetragen werden, führen vor allem im Küstenbereich zu intensiver Düngung (Eutrophierung) und verursachen
ein verstärktes Wachstum bestimmter Kleinalgen
und fädiger, schnellwüchsiger Großalgen. Als weitere Folge lassen sich Auswirkungen auf das Nah-
rungsgefüge und eine veränderte Artenzusammen-
setzung der Gemeinschaften beobachten. Auch
der Haushalt der Spurenstoffe im Wasser und die
Sauerstoff-Bilanz im Sediment bleiben nicht unbe-
rührt.
Auf den gleichen Wegen gelangen zahlreiche
Schadstoffe technogenen Ursprungs (z.B. Schwer-
metalle und schwer abbaubare organische Verbindungen) ins Wattenmeer, die im Sediment abgelagert und in Organismen angereichert werden. Die
Gefahr von Entwicklungsstörungen und von Miß-
bildungen sowie einer Beeinträchtigung der Le-
benstüchtigkeit der betroffenen Arten wird dadurch erhöht. Tributylzinn aus bewuchshemmen-
den Schiffsanstrichen schädigt die Bestände der
Wellhornschnecke und weiterer Arten, besonders
im Umfeld von Hafenanlagen. Erdölreste von
Schiffen und aus anderen Quellen führen nicht
nur zum qualvollen Tod vieler Seevögel durch
Verkleben der Gefieder, sondern enthalten auch
zahlreiche giftige Substanzen. Von möglichen Tan-

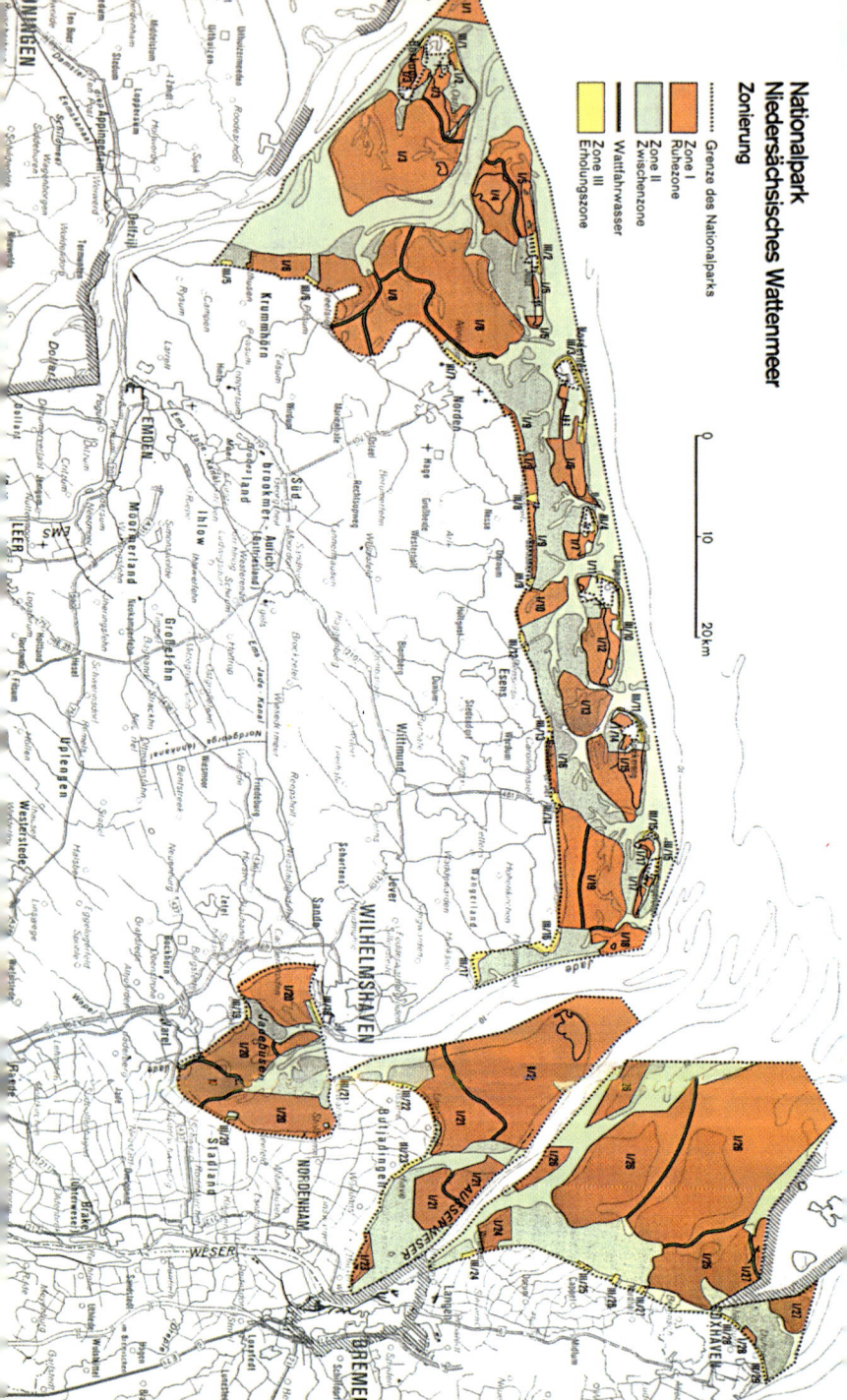

Nationalpark
Niedersächsisches Wattenmeer
Zonierung

········· Grenze des Nationalparks

Zone I
Ruhezone

Zone II
Zwischenzone

Wattfahrwasser

Zone III
Erholungszone

0   10   20 km

Nationalpark Schleswig-
Holsteinisches Wattenmeer

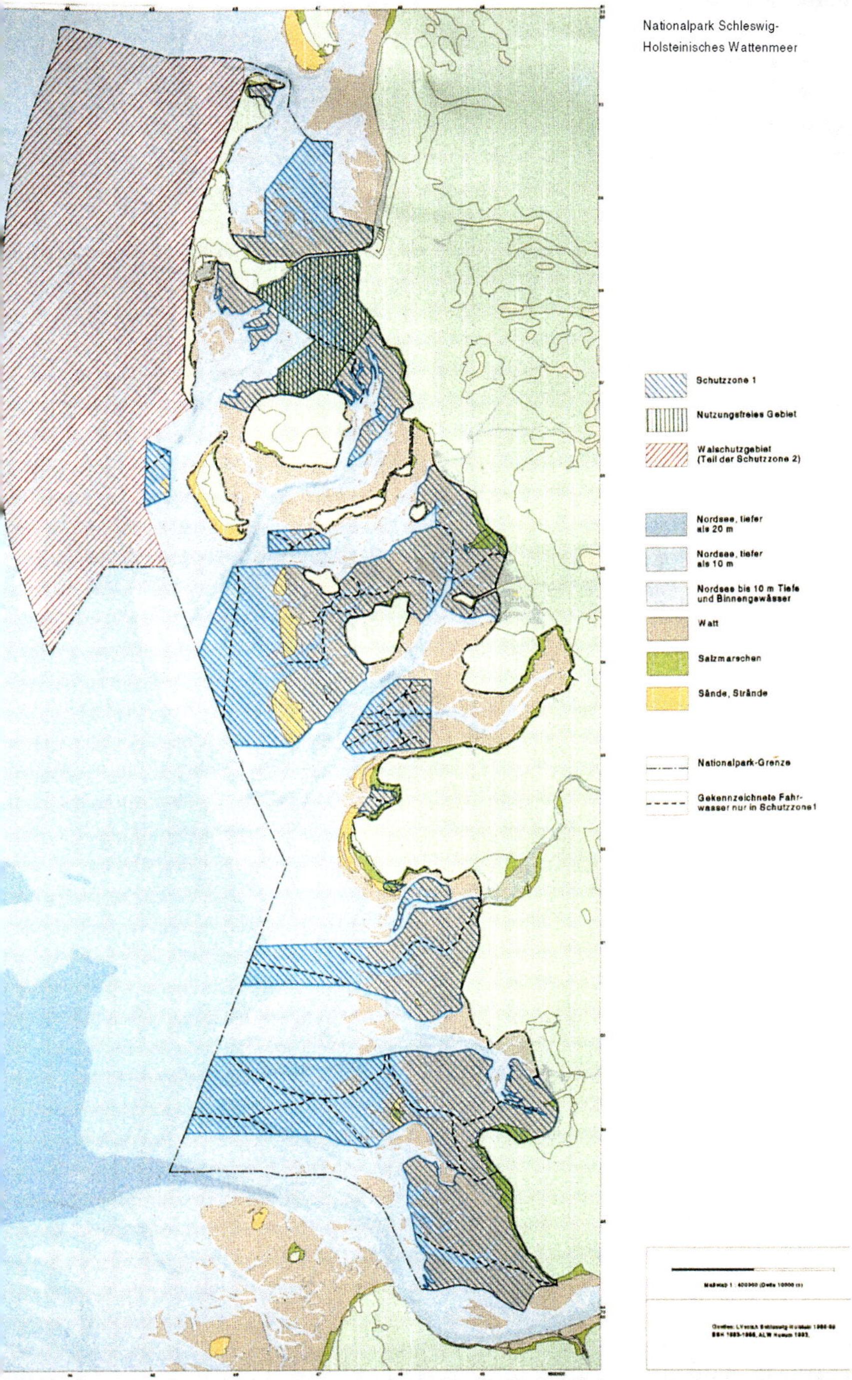

Schutzzone 1

Nutzungsfreies Gebiet

Walschutzgebiet
(Teil der Schutzzone 2)

Nordsee, tiefer
als 20 m

Nordsee, tiefer
als 10 m

Nordsee bis 10 m Tiefe
und Binnengewässer

Watt

Salzmarschen

Sände, Strände

Nationalpark-Grenze

Gekennzeichnete Fahr-
wasser nur in Schutzzone1

Maßstab 1 : 400000 (Breite 10000 m)

Quellen: LVermA Schleswig-Holstein 1986-88
BSH 1983-1988, ALW Husum 1993.

kerunfällen geht dabei eine besondere Gefahr aus. Zu allen diesen weiträumigen Auswirkungen menschlicher Aktivitäten kommen noch die vielen direkten Eingriffe des Menschen in den Küstenraum: Eindeichungen, Küstenschutzmaßnahmen, Hafenerweiterungen, Landwirtschaft, Fischereiaktivitäten, Schiffsverkehr, Waffenerprobung, Rohstoffgewinnung, vielfältige Auswirkungen des Massentourismus (Sandvorspülungen, Baumaßnahmen, Bootsfahrten, Vertritt). Von der Summe aller solcher Einwirkungen geht die große Gefahr aus, daß die Funktion des Wattenmeeres als natürliches Ökosystem nachhaltig beeinträchtigt wird.

Schutz des Wattenmeeres

Bereits seit Beginn des Jahrhunderts wurden mehr und mehr bewachte Schutzgebiete für See- und Küstenvögel eingerichtet, bis sich in den 60er Jahren die Naturschutzverbände für einen großflächigen Schutz der wertvollsten Wattflächen im nordfriesischen Wattenmeer einsetzten. 1972 wurde auf dem Deutschen Naturschutztag der Gedanke eines Nationalparks Wattenmeer der Öffentlichkeit vorgestellt. Nach langjährigen Diskussionen wurde dann 1985 als erster der Nationalpark Schleswig-Holsteinisches Wattenmeer eingerichtet. 1986 kamen der Niedersächsische und 1990 der Hamburgische Nationalpark hinzu. Nach dem Bundesnaturschutzgesetz genießen diese den höchsten Schutzstatus. Ziel ist es, daß sich die Natur in ihnen frei und ungestört entfalten kann. Der Nationalpark Schleswig-Holsteinisches Wattenmeer reicht von der dänischen Grenze bis zur Elbmündung und beginnt 150 Meter vor der Deichkrone, Düne oder Abbruchküste. Er gliedert sich in drei Schutzzonen. Die am stärksten ge-

schützte Zone 1 umfaßt etwa 30 Prozent der Gesamtfläche mit ökologisch besonders wertvollen
und empfindlichen Bereichen. Hierzu gehören u.a.
Seehundbänke, artenreiche Salzwiesen, Brutkolo-
nien bedrohter Seevögel, Mauserplätze von Zug-
vogelarten und wichtige Nahrungsplätze für Watvögel. Diese sollen weitgehend nutzungsfrei gehalten werden. Berufsfischerei im hergebrachten
Umfang ist jedoch weiter erlaubt.
Insgesamt soll im Gebiet des Nationalparks die
standorttypische Entwicklung von Pflanzen und
Tieren gewährleistet werden. Küstenschutzmaßnahmen dürfen nur umweltverträglich durchgeführt werden. „Schafbeweidung bleibt zulässig,
soweit sie dem Küstenschutz dient."
Für die Einhaltung des Nationalparkgesetzes ist
das Landesamt für den Nationalpark Schleswig-
Holsteinisches Wattenmeer in Tönning zuständig,
eine obere Landesbehörde, die direkt dem Mini-
ster für Umwelt, Natur und Forsten unterstcht.
Als übergeordnetes Schutzziel des Nationalparks
gilt, „seine artenreiche Pflanzen- und Tierwelt zu
erhalten und den möglichst ungestörten Ablauf
der Naturvorgänge zu sichern". Der Wattenmeer-
Bereich ist aber nicht nur Naturraum, sondern
seit Jahrhunderten auch durch den Menschen
geprägter Kulturraum. Deshalb schreibt das
Gesetz vor, „unzumutbare Beeinträchtigungen der
Interessen und herkömmlichen Nutzungen der
einheimischen Bevölkerung zu vermeiden und jeg-
liche Nutzungsinteressen mit dem Schutzzweck im
allgemeinen und im Einzelfall gerecht abzuwä-
gen". Das Landesamt ist für diesen Interessenaus-
gleich zuständig. Dabei wird Einvernehmen mit
den Kuratorien für Nordfriesland und Dithmarschen angestrebt, denen Vertreter verschiedener
Behörden und Verbände angehören. Außerdem

koordiniert das Amt die Erforschung der Lebens-
zusammenhänge im Wattenmeer sowie langfristi-
ge Umweltbeobachtungen, um sichere Grundla-
gen für Naturschutzkonzepte und naturgerechte
Nutzungen im Wattenmeer zu erarbeiten.
Ein weiteres wichtiges Aufgabenfeld ist die
Öffentlichkeitsarbeit. Seit 1996 gibt es einen
hauptamtlichen Nationalpark-Service, der qualifi-
zierte Auskunft zur Ökologie und zum Schutz des
Nordsee-Küstenraums geben kann. Er betreibt
etliche Nationalparkzentren mit Informationsaus-
stellungen als Außenstellen des Nationalparkam-
tes, bietet Veranstaltungen und Wattführungen an
und organisiert Umweltbeobachtungsprogramme.
Zusammen mit zahlreichen Naturschutzverbänden, die sich bereits lange vor Einrichtung des
Nationalparks im Wattenmeer engagierten, und
mit Hilfe der Kommunen wurde ein dichtes Infor-
mationssystem aufgebaut, so daß Besucher heute
an vielen Wegen und Zugängen zum Watt in
Informationspavillons, auf Schautafeln und durch
Hinweisschilder auf interessante ökologische
Zusammenhänge und vielfältige schutzwürdige
Besonderheiten aufmerksam gemacht werden.
Als touristische Attraktion für Besucher und Einheimische wurde Mitte 1999 das Multimar Watt-
forum in Tönning eröffnet. Es ist das größte
Nationalpark-Informationszentrum. In einer riesigen Schauhalle mit Großaquarien, Tide- und
Experimentierbecken sowie multimedialen Prä-
sentationen wird umfassend über das Wattenmeer
informiert. Hier werden wissenschaftliche Forschungen im Watt, auch aktuelle Ergebnisse aus
laufenden Untersuchungen, verständlich darge-
stellt.
Anders als in Schleswig-Holstein, wo die vorgelagerten Inseln und größeren Halligen nicht zum

Nationalpark gehören, schließen der Niedersächsische und der Hamburgische Nationalpark die
Inseln mit Ausnahme ihrer besiedelten Flächen
ein. Im Nationalpark Niedersächsisches Wattenmeer zwischen Elbe und Ems gibt es ebenfalls drei
Schutzzonen, die als Ruhe-, Zwischen- und Erholungszone definiert sind. Zur Ruhezone, die den
strengsten Schutz genießt, gehört mehr als die
Hälfte der Gesamtfläche. Besucher dürfen sie nur
auf ausgewiesenen Pfaden betreten. Nur wenige
Aktivitäten sind erlaubt. So ist beispielsweise
noch Landwirtschaft möglich, jedoch ohne Um-
bruch der Flächen. Die Vordeichbereiche dürfen
ebenfalls noch schonend bewirtschaftet werden.
In bestimmten Teilen der Ruhezone wird weiter
gefischt, Herzmuschelfischerei ist jedoch verbo-
ten. Der größere Teil der Salzwiesen bleibt unbe-
weidet, ein kleinerer wird von Rindern begrast.
In der Zwischenzone mit 45 Prozent der Fläche ist
der Schutz nicht ganz so streng. Es darf aber auch
hier der Charakter des Watts nicht verändert werden. Auch in diesem Abschnitt dürfen Brutgebiete
während der Brutzeit nicht betreten werden.
Beobachtungen sind nur von markierten Wanderwegen aus möglich. In der Erholungszone (ein
Prozent der Fläche) befinden sich die Badestrände
und Kultureinrichtungen.
Die Verwaltung dieses Nationalparks wird von
einem Dezernat der Bezirksregierung Weser-Ems
mit Sitz in Wilhelmshaven durchgeführt. Für die
Koordination der vielfältigen niedersächsischen
Aktivitäten in der Meeresforschung und -technik
ist seit 1990 das Forschungszentrum TERRA-
MARE in Wilhelmshaven zuständig. Die intensive
Öffentlichkeitsarbeit wird, wie in Schleswig-Holstein, auch von den Naturschutzverbänden maß-
geblich mitgetragen.

Der Nationalpark Hamburgisches Wattenmeer ist der kleinste; er beginnt westlich von Cuxhaven und erstreckt sich etwa 20 Kilometer in Richtung Nordsee. Die Inseln Neuwerk und Scharhörn sowie die Kunstinsel Nigehörn gehören dazu. Zwei Zonen werden unterschieden. Zone 1 schützt 90 Prozent der Fläche und darf nur auf den gekennzeichneten Wanderwegen betreten werden. Zur Zone 2 gehören die übrigen Flächen mit dem Inselkern von Neuwerk. Muschelfang ist im Nationalpark untersagt, leichte Krabbenfischerei in den Prielen möglich, Jagd und sonstige Fischerei sind weitgehend eingestellt. Die Verwaltung dieses Nationalparks ist beim Naturschutzamt in der Hamburger Umweltbehörde angesiedelt.

Insgesamt können durch die Einrichtung von Nationalparks direkte Störungen des Wattenmeeres von außen eingeschränkt werden. Viele Einwirkungen auf dieses Gebiet haben aber ihren Ursprung außerhalb der Nationalparks. Hierzu zählen beispielsweise Belastungen durch solche Substanzen, die über die Flüsse und die Atmosphäre eingetragen werden. Deshalb ist es wichtig, daß alle Wattenmeeranrainer, die Niederlande, Deutschland und Dänemark, hinsichtlich des Wattenmeerschutzes mit einer Stimme auftreten, beispielsweise auf den Nordseeschutzkonferenzen. Seit 1987 koordiniert das „Gemeinsame Wattenmeersekretariat" mit Sitz in Wilhelmshaven die trilaterale Zusammenarbeit zum Schutz des Wattenmeeres. Als übergeordneter Grundsatz der internationalen Wattenmeerpolitik kann gelten, daß ein „so weit wie möglich natürliches und sich selbst erhaltendes Ökosystem erreicht wird, in dem die natürlichen Prozesse ungestört ablaufen können".

Eine schutzbedürftige und schützenswerte Landschaft – Abendstimmung
im Nationalpark Schleswig-Holsteinisches Wattenmeer

Herausgeber/Autoren

Die Herausgeber

Jürgen Newig, geb. 1941, ist Professor für Geographie und ihre Didaktik an der Universität Kiel. Seine Schwerpunkte liegen bei der Küsten- und Meeresgeographie, der Erforschung des Fremdenverkehrs und der historischen Kartographie. Er ist Autor und Mitherausgeber fach- und populärwissenschaftlicher Veröffentlichungen zu Küsten- und Seebäderthemen.

Hans Theede, Professor Dr., Universität Kiel, geb. 1934. Sein Arbeitsgebiet ist die Meereszoologie, wobei die ökologischen Beziehungen und physiologischen Anpassungsprozesse der Meeresorganismen im Vordergrund stehen. In zahlreichen fach- und populärwissenschaftlichen Aufsätzen für Zeitschriften und Buchpublikationen beschäftigte er sich auch mit Problemen der Meeresverschmutzung. Ehrendoktor der Landwirtschaftlichen Universität in Stettin.

Die Autoren

Dieter Adelung, geb. 1935, promovierte 1964 in Göttingen in Zoologie und wurde nach Aufenthalten an den Universitäten Marburg, Gießen (Habilitation) und Ulm 1973 an das Institut für Meereskunde in Kiel berufen. Seine Forschungen beschäftigten sich mit der Ökophysiologie und Biologie von Crustaceen, antarktischen und subarktischen Pinguinen, Seevögeln der Nordsee und des Nordatlantiks sowie Seehunden und Kleinwalen in Nord- und Ostsee.

Ragnhild Asmus, geb. 1954, Stipendiatin der Friedrich-Naumann-Stiftung, Promotion 1983 in Biologischer Meereskunde an der Universität Kiel. Mitarbeiterin in mehreren Wattenmeerforschungsprojekten und seit 1991 an der Wattenmeerstation in Sylt in der Stiftung Alfred-Wegener-Institut für Polar- und Meeresforschung.

Rüdiger Berghahn, Dr., geb. 1949, ist Diplom-Biologe und Privatdozent für Hydrobiologie (limnische und marine Ökologie) und Fischereiwissenschaft an der Universität Hamburg. Seine Spezialgebiete sind Wattenökologie (seit 1978), Abwärme in Gewässern, Gefrierbiologie, Ökotoxikologie, Küstenfischerei, Naturschutz und Didaktik. Von 1988 bis 1994 hat er das Teilprojekt „Fischerei und Naturschutz" der Ökosystemforschung Wattenmeer geleitet und war 1990, 1993 und 1996

Mitinitiator und -organisator der ersten drei großen „International Symposia on Flatfish Ecology" in den Niederlanden.

Peter Breckling, Dr., geb. 1960, Studium der Biologie an der Universität Hamburg, Schwerpunkt Hydrobiologie und Fischereiwissenschaft, Mitarbeiter der Ökosystemforschung Wattenmeer Schleswig-Holstein (Fischkartierung), Promotion über strukturanalytische Untersuchungen an der Fischfauna des Wattenmeeres, seit 1995 Leiter des Referats Fischerei der Landwirtschaftskammer Weser-Ems, außerdem umweltpolitischer Berater des Verbandes Deutscher Kutter- und Küstenfischer, Zweiter Vorsitzender der Interessengemeinschaft zum Schutz und zur Förderung der einheimischen Fischfauna.

Stefan Garthe, geb. 1966, begann bereits in der Schulzeit mit ornithologischen Untersuchungen. Nach dem Grundstudium der Biologie in Hamburg studierte er Zoologie, Biologische Meereskunde und Physikalische Ozeanographie in Kiel. Dort promovierte er über den Einfluß von Fischerei und Hydrographie auf die Seevögel der Nordsee. Zur Zeit ist er wissenschaftlicher Angestellter am Institut für Meereskunde in Kiel.

Gerhard Rheinheimer, geb. in Heilbronn, Studium der Biologie und Chemie an der Universität Hamburg. Von 1964 bis 1992 Leiter der Abteilung Marine Mikrobiologie im Institut für Meereskunde an der Universität Kiel. Hauptarbeitsgebiete Mikrobiologie der Gewässer, Stoffkreisläufe und Selbstreinigungsprozesse in Flüssen und Meeresgebieten.

Karl-Theodor Schreitling, Prof. Dr., geb. 1926, Studium der Botanik, Zoologie und Meereskunde an der Universität Kiel, Lehrer an der Inselschule Juist, Assistent am Botanischen Institut der Universität Kiel, Dozent für Biologie an der Pädagogischen Hochschule Hannover, bis 1991 Professor für Biologie an der Pädagogischen Hochschule Kiel mit den Schwerpunkten Botanik und Ökologie.

Fritz Thurow, geb. 1923, nach Rückkehr aus der Gefangenschaft 1949 Studium der Naturwissenschaften in Berlin und Kiel, wo er Professor für Fischereibiologie ist. Sein Hauptarbeitsgebiet ist die Populationsdynamik der Ostseefische.

Bildnachweis/Impressum

Die Deutsche Bibliothek – CIP-Einheitsaufnahme

Pflanzen- und Tierwelt im Wattenmeer / Jürgen Newig / Hans Theede (Hrsg.) – Hamburg : Ellert und Richter, 2000
(Edition Eller & Richter)
ISBN 3-89234-931-2

© Ellert & Richter Verlag GmbH, Hamburg 2000

Lektorat: Brigitte Beier, Hamburg
Gestaltung: nach Entwürfen des Büros Brückner + Partner, Bremen
Lithographie: Litho-Jankowski, Flensburg
Satz: KCS GmbH, Buchholz/Hamburg
Druck: Wiesbadener Graphische Betriebe, Wiesbaden
Bindung: Buchbinderei S. R. Büge, Celle

Titelabbildung: Zugvögel, die im Frühjahr und Herbst das Wattenmeer als Nahrungsquelle nutzen

Bildnachweis:
Archiv Ellert & Richter Verlag, Hamburg: S. 85
Ragnhild Asmus, List/Sylt: S. 9, 48 m.
Gerhard Drebes, Schleswig: S. 44 m., 46 m.
Fischereihafen-Betriebsgesellschaft mbH, Bremerhaven: S. 89
Birgit Hussel, List/Sylt: S. 24 m.
Landesamt für den Nationalpark Schleswig-Holsteinisches Wattenmeer, Tönning: S. 143 (Karte)
Nationalparkverwaltung Niedersächsisches Wattenmeer, Wilhelmshaven: S. 142 (Karte)
Georg Quedens, Norddorf/Amrum: Titel, S. 4/5, 11 o. + u., 14 m., 17 m., 19 mu., 21 o. + u., 36 o. + u., 39 o. + u., 40 m., 41 m., 43 o. + u., 45, 51 o. + u., 55 o., 69, 71, 77 o. + u., 81 o. + u., 101, 107 m., 109 o. + u., 110 m., 113 o., 119, 120/121, 125, 131, 135
Karsten Reise, List/Sylt: S. 15 o. + u., 29, 32 m., 33 m., 55 u.
Gerhard Rheinheimer, Kiel: S. 59
Christoph Suppes, Bremen: S. 65 mo. + mu.
Fritz Thurow, Heikendorf: S. 93 o. + u. (Zeichnungen)
Klaus Wernicke, Dagebüll: S. 7, 19 mo., 27/28, 97, 102/103, 105 m., 113 u., 149